아주 작은
도전의 힘

소소한 성취감이 쌓여 위대한 성과를 이뤄내는

아주 작은 도전의 힘

초판 1쇄 인쇄 2020년 8월 13일
초판 1쇄 발행 2020년 8월 18일

지은이 라수진

발행인 백유미 조영석
발행처 (주)라온아시아
주소 서울특별시 서초구 효령로 34길 4, 프린스효령빌딩 5F

등록 2016년 7월 5일 제 2016-000141호
전화 070-7600-8230 **팩스** 070-4754-2473

값 13,800원
ISBN 979-11-90820-61-5 (03190)
※ 라온북은 (주)라온아시아의 퍼스널 브랜드입니다.

소소한 성취감이 쌓여 위대한 성과를 이뤄내는

아주 작은 도전의 힘

라수진 지음

GREAT THINGS NEVER CAME FROM COMFORT ZONES

RAON
BOOK

프롤로그

나는 왜 인생의 터닝 포인트 때마다 '도전'을 택했는가?

"Great things never came from comfort zones(위대함은 익숙한 곳에서 찾을 수 없다)."

나는 15년 차 영어 강사다. 지금까지 오프라인 강의를 통해, 인터넷 강의를 통해, 내 토익 책을 통해 수만 명의 학생들을 만났다.

어느 날 인터뷰하다가 인상적인 질문을 받았다.

"강사님은 어떤 사람으로 기억되고 싶으세요?"

그 순간 수만 가지 그럴듯한 대답이 스쳐 지나갔지만, 내 머릿속에 뚜렷하게 떠오른 단어는 바로 '도전'이었다.

"저는 5년 후에도 10년 후에도 현재에 안주하지 않고 계속 무언가에 도전하고 배우면서 살 것 같아요. 여태까지 해왔던 것처럼 우리 학생들에게 계속해서 도전할 수 있도록 동기를 부여하는 사람으로 살고 싶어요. 그래서 늘 끊임없이 열정적으로 도전하는 사람으로 기억되고 싶습니다.”

나는 얼마만큼 내 인생에 도전해왔을까?

그 질문을 계기로 지나온 내 삶을 한번 되돌아봤다. 지난 15년간 내가 만났던 사람들은 인생의 가장 큰 기로인 취업, 이직, 승진, 편입 등을 위해서 나를 찾아왔다. 그들의 인생에서 '도전'이 가장 필요한 시기였다. 나는 그들에게 끊임없이 도전을 외치며, 도전하도록 동기를 부여하는 역할을 했다. 하지만 정작 나는 얼마만큼 내 인생에 도전을 해왔을까?

학창 시절 나는 소위 말하는 '엄친아'였다. 학교 다니는 내내 학급 반장은 물론이고, 전교 학생회장을 놓친 적이 없었다. 전학년 장학금을 받고 다닐 정도로 모든 분야에서 다재다능한 학생이었다. 별 어려움 없이 유년 시절과 10대 시절을 보냈다. 그러나 좋은 시절은 대학 입시와 함께 끝나버렸다.

20대가 시작되면서부터 내 삶은 한마디로 끊임없는 도전과 선택의 연속이었다. 나는 20대 초반 대학 입시에서 길을 잃었다. 어렸을 때부터 꿈꿨던 한의사의 길을 수능에 실패하면서 포기했고, 영어영문학으로 진로를 변경해야 했다. 인생의 첫 실패 때문에 한동안 방황도 했지만, 이왕 영어영문학을 전공으로 선택했으니 영어만큼은 대한민국에서 제일 잘하고 싶었다. 아니 외국어를 잘하고 싶었다. 더불어 3개 국어 이상은 하고 싶어서 일어, 스페인어, 라틴어 어원 등 닥치는 대로 언어 공부에 도전했다.

여러 외국어를 공부하다 보니 자연스럽게 해외여행을 하게 되었고, 첫 해외 여행지인 캐나다에서 드넓은 세계를 보고 한국이 너무 좁다는 다소 거만한(?) 생각으로 유학을 결심했다. 세계적으로 멋지게 활동하는 국제회의 전문가가 되고 싶어서 유학에 도전한 것이다. 하지만 호주에서 입학허가서가 먼저 나오면서 호주 유학을 결정했고, 호주 땅을 밟는 날 무슨 운명의 장난인지 그렇게 가고 싶었던 미국 학교에서도 입학허가서가 도착했다.

호주에 온 김에 6개월이라는 유학 생활 동안 많은 것을 얻기 위해 국제회의 행사가 있으면 닥치는 대로 도전해서 경력을 쌓았다. 비록 짧은 6개월의 호주 유학 생활이었지만, 훗날 미국 유학 생활에서도 토익 강사를 하는 지금도 그때 그곳에서 느끼고 다양하게 경험했던 것들이 내 삶의 밑거름이 되었다.

짧지만 보람찬 호주에서의 생활을 끝내고, 꿈에 그리던 미국 유학 생활이 시작되었다. 미국 생활은 쉽지 않았다. 부유한 유학생들과는 달리 학비도 벌면서 조기 졸업이란 두 마리 토끼를 잡기 위해 나는 하루하루 시간을 쪼개가며 공부와 일을 병행해야 했다. 그런 내 노력에 보답이라도 하듯 한국 유학생으로는 드물게 미국 라스베이거스 특급호텔에서 일하게 되는 행운까지 얻었다.

유학 오기 전에는 공부하고 귀국하면 멋진 국제회의 전문가와 호텔리어가 될 것이라는 희망에 부풀어 있었다. 하지만 실제로 그 일들을 해보니 나와는 맞지 않았다. 나는 또다시 좌절해야 했다. 내 마음속을 찬찬히 들여다보면서 남의 시선에 중요한 일이 아니라 내가 정말 잘할 수 있고 내가 진정으로 행복해질 수 있는 직업을 택하자고 생각했다. 그 후에 나는 영어 강사의 길을 택했다.

영어 강사가 되기로 결심한 이후, 나는 주니어 학원, 특목고 대비반, 대학 강의, 대기업 출강 등 안 해본 영어 강의가 없을 만큼 전천후 영역에서 강의를 했다. 지금은 강남 파고다어학원 토익 대표 강사이자 '최단기간 최다고득점'을 많이 배출시킨 강의로 입소문이 난 강사로 일하고 있다.

결핍이 나를 계속 도전하게 만든다

20대를 돌이켜보면 한 번에 이루어진 일이 단 한 건도 없었다. 수능시험 실패로 한의대가 아닌 영어영문학을 전공으로 선택해야 했고, 단번에 미국으로 유학 간 것이 아니라 호주를 거쳐 미국 유학 생활을 시작해야 했다. 게다가 꿈꾸던 국제회의 전문가가 아닌 영어 강사라는 일을 하게 되었다.

늘 '결핍'이 있었기에 선택의 기로에서 현실에 안주하지 않고 더 열심히 도전했는지 모른다. 사실 나는 지금도 매일매일 도전하고 있다. 새벽에 시작해서 저녁까지 이어지는 8~10시간 오프라인 강의에, 강의가 없는 시간에는 인터넷 강의 촬영과 교재 출판을 위한 집필 그리고 학생들이 보낸 수백 개의 카카오톡 질문에 대한 대답을 끝내고 나서야 비로소 하루가 마무리되는 강사 생활을 하고 있다.

그러다 작년 이맘때쯤 갑자기 찾아온 번아웃으로 인해 우울증을 앓았고 모든 것을 내려놓을 뻔했다. 류시화 작가는 "신이 찍은 쉼표에 함부로 마침표를 찍지 마라"라고 했는데, 그때는 마침표를 찍고 싶은 심정이었다.

잠시 동안 절망에 빠져 우울한 나날을 보내야 했지만, 쉽게 포기하지 않고 늘 도전하는 성격이어서 이런 위기가 인생의 또 다른 큰 도전으로 이끌어줄 것이라고 믿었다. 나는 그 믿음으로 다시 일어설 수 있었다.

이 책 집필도 그런 도전 과정 중 하나다. 이 책은 그동안의 내 인생을 점검하는 중간평가의 의미도 있지만, 강사로서 화려한 겉모습만 보고 나를 평가하는 사람들에게 여태까지 살아오면서 느꼈던 도전과 선택에 관한 내 생각들을 나누고 싶어서 쓰게 되었다. 이 책에는 부끄럽지만 최대한 솔직하고 담백하게 나의 이야기를 담았다.

도전은 나를 알아가는 과정이다!

나의 이야기를 풀어내면서 도전이란 무엇이고 왜 매번 자신이 도전에서 실패했는지를 이해할 수 있게 해주고, 나아가 도전이 생각만큼 어렵지 않다는 사실을 알려주고 싶다. 도전하고 싶지만 선불리 하지 못하는 사람들, 계속되는 좌절과 우울감으로 무기력에 빠진 사람들, 인생의 터닝 포인트를 만들고 싶은 사람들, 제2의 인생을 위해 무언가를 간절히 이루고 싶은 사람들에게 도움이 되면 좋겠다. 일상에서 쉽게 시작할 수 있는 일에 도전해보면서 작은 성취감들이 쌓이면 큰 도전까지 해볼 수 있다는 점을 전하려고 한다.

이 책은 총 4장으로 구성되어 있다.

1장 '조금씩 도전하기로 마음먹다'에서는 이제까지의 나의 삶을 돌이켜보면서 도전에 임하기 전에 왜 우리 인생에 도전이 필요한지에 대한 필요성과 왜 도전이 늘 어려운지를 설명한다.

2장 '도전하려면 오늘 시작하라'에서는 도전력 기르기의 기초가 되는 인생 리뉴얼부터 여행 떠나기, 감사일기 쓰기, 자존감 높이기 등 도전력의 기본기를 닦을 수 있는 방법들을 소개한다.

3장 '인생을 근사하게 만드는 10가지 도전'에서는 100세 시대를 당당하게 살아갈 수 있게 강력한 무기가 되는 브랜딩하기, 몰입과 건강관리, 독서, 책 쓰기, 영어 공부 등 도전력 파워를 높여줄 방법들을 소개한다. 부담스럽지 않게 누구나 생활에서 실천할 수 있는 간단한 도전의 성공으로 자신감을 얻음으로써 도전력을 기르는 방법을 소개한다.

4장 '인생을 바꾼 도전에 성공한 사람들'에서는 나를 바꾸는 도전에 매진해 목표를 이룬 이들을 소개한다. 수많은 도전을 해온 나와 내 수강생들의 도전 스토리를 통해서 인생의 터닝 포인트에서 도전을 택하면 어떻게 삶이 변할 수 있는지를 들려준다.

어떤 이유로 이 책을 펼치게 되었는지 모르지만, 우선 이 책을 선택해주신 독자들께 깊은 감사를 드린다. 이 책에서 이야기하는 도전을 통해 여러분이 자기 자신을 알아가고, 반복되는 작은 성취감을 통해 여러분의 인생에 반전이 일어나고 자그마한 도전의 불씨가 지펴지기를 바란다. 매번 인생의 돌파구가 필요할 때마다 나는 책을 펴고 끊임없이 해답을 찾았다. 이 책이 당신에게 그 해답을 찾는 자그마한 돌파구가 되기를 바란다.

내 인생에서 손에 꼽는 큰 도전 중의 하나인 책을 쓰기로 결심하고 어떻게 해야 할지 막막했던 순간, 책이 출판되기까지 이끌어준 라온북의 조영석 소장님을 비롯한 출판사 관계자들에게 감사의 말씀을 전한다. 또 지금 이 책을 쓸 수 있기까지 강사로서, 지금의 나 자신으로 행복하게 강의할 수 있게끔 부족한 내 수업을 들어준 전국에 있는 수많은 학생들에게도 감사드린다. 학생들의 도전이 있었기에 강사인 나의 도전도 계속될 수 있었다.

마지막으로, 지금까지 내가 하고자 하는 일에 반대 한 번 없이 늘 지지해주시고 묵묵히 지켜봐주신, 여든이 넘은 나이에도 늘 건강하게 시집 출간, 서예, 꽃꽂이, 일본어 공부 등 끊임없이 도전을 몸소 실천하시는 부모님 그리고 사랑하는 가족들에게 이 책을 바친다.

라수진

차 례

2장
도전하려면 오늘 시작하라

3장
인생을 근사하게 만드는 10가지 도전

4장
인생을 바꾼 도전에 성공한 사람들

"If it doesn't challenge you, it doesn't change you
(도전적이지 않은 것들은 당신을 바꿀 수 없다)."
— 영화배우 프레도 드비토(Fred Devito)

1장

조금씩 도전하기로 마음먹다

매일이
도전이었던 나날

호텔리어를 포기하고 영어 강사가 되다

영어 강사 15년, 파고다어학원 10년째 연속 강의. 현재 내 경력이다. 한곳에서 10년째 강의를 하다 보니, 토익 성적의 유효기간이 만료될 때마다 토익 공부를 다시 하기 위해 나를 잊지 않고 찾아오는 고마운 학생들을 많이 만나게 된다. 이름은 기억하지 못하더라도 학생들 얼굴은 다 기억한다.

그때마다 반가움의 표시로 "언제 내 수업 들었더라?"라고 물으면, 다들 하나같이 "선생님, 그렇게 많은 학생들을 어떻게 다 기억하세요?"라고 오히려 그들이 더 놀랄 때가 많다.

은결이도 그중 한 명이었다. 4년 전에 학생이었던 친구가 어느덧 직장인이 되어 이직을 준비하기 위해 나를 다시 찾아왔다.

"제가 직장생활을 해보니까 1년째도 힘들고 2년째는 더 힘든데, 어떻게 선생님은 한곳에서 그것도 10년이나 그렇게 강의하실 수 있으세요?"

그런 질문을 받을 때면 나의 지난 15년간의 강사 생활이 영화의 한 장면처럼 쭉 지나간다. 그 질문과 함께 학생들에게 많이 받은 또 다른 질문이 있다.

"어떻게 해서 토익 강사가 되셨어요?"

미국 명문대 호텔경영학과를 졸업한 내 이력이 토익학원 강사와 어울리지 않다고 생각해서 하는 질문인 것 같다. 나는 국내 영어영문학 학위와 미국 호텔경영학 학위 두 개가 있는 덕분에 영어만 전공한 이들보다 비즈니스 영어인 토익 과목을 가르칠 때 더 유리했던 적이 많다. 이제는 예전처럼 전공이라는 한 우물만 파기보다는 다양한 경험과 이력의 소유자가 오히려 더 인정받는 시대다.

미국에서 학교를 졸업 후에 나는 운 좋게도 유학생 신분으로 취업하기 어렵다던 라스베이거스의 유명 호텔인 만델라베이(Mandalay Bay Hotel)에서 일을 하다가 취업비자가 만료되어 한국으로 돌아오게 되었다. 그런데 귀국한 후에 문제가 생겼다. 해외 학위도 있고 외국 호텔 취업 경험도 있으니 취업하는 데는 전혀 문제가 없을 거라고 안이하게 생각했다. 나의 예상과는 달리, 영어 이외의 스펙을 몹시 중요시하는 한국의 취업 문화에 준비된 것이 없는 나 자신의 상황에 좌절해야만 했다.

외국계 회사, 대기업, 대사관 등 수십 곳의 취업 문을 두드렸지만 매번 실패의 고배를 마셨다. 이력서를 보고 연락한 회사들도 있었지만, 해외 학위와 호텔 경험이 지원한 회사 입장에서는 '필요 이상의 자격을 갖춘(overqualifed)' 것으로 여겨져서 오히려 나의 발목을 잡는 상황까지 벌어졌다. 자격 미달이 아니라 자격이 오히려 기대 이상이라서 고용을 하지 못하겠다니 정말 어이가 없었다. '대한민국의 이렇게 많은 회사들 중에 나를 받아줄 회사는 정작 없는 것인가? 앞으로 무엇을 먹고 살아야 하나?' 계속 취업에 실패하면서 어찌해야 할 바를 몰랐다.

그러던 어느 날 친구의 권유로 특목고 전문학원에서 영어 LC 강의를 시작하게 되었다. 대학교 때 과외나 학원 아르바이트 경험을 살려 구직활동을 하는 동안만 잠시 해보려는 생각에서 시작했다.

실제로 강의를 시작하고 보니, 내가 좋아하는 일을 하면서 돈을 번다는 것과 무엇보다 나를 통해 지식이 전달되고, 학생들이 나를 통해 원하는 바를 성취하는 과정을 보며 이 길이 내 천직임을 곧 알게 되었다. 그 이후에는 닥치는 대로 활동 분야를 넓혀

대기업과 대학교에 출강을 나가게 되었다.

하지만 시간당 페이를 받는 프리랜서 강사들은 다 알겠지만, 프리랜서 강사의 삶은 결코 안정적이지 않다. 개인적으로 시간은 자유로울지 모르나, 경제적으로는 불안한 나날을 보냈다. 대기업에서 강의할 때는 회의 때문에 강의가 자주 취소되었고, 대학교에 출강할 때는 학교 시험이나 축제로 휴강이 되면서 급여를 불규칙적으로 받을 수밖에 없었다. 그러던 와중에 동료 강사의 소개로 대형 성인어학원인 파고다어학원으로 자리를 옮기게 되었다.

만만치 않은 토익 월드

주중에는 특목고 학생들을 가르치고, 주말에는 신촌 파고다어학원에서 토익 강의를 병행하고 있을 때였다. 한참 강의하는 재미에 푹 빠져 있었을 때 어학원 원장님이 주중 오전 중급반 자리가 비었다고 그 반을 맡아서 강의를 해보라고 제안했다. 갑작스러운 제안이었지만 좋은 기회인 것 같아서 그때부터 본격적으로 토익 강의에 전념하기 시작했다.

강의를 시작하기 전까지만 해도 그 자리가 기존의 선배 강사들이 탐내는 자리였는지는 미처 몰랐다. 오전 중급반은 학생들이 많이 수강하는 자리여서 선배 토익 강사들이 눈독을 들이는 자리였던 것이다. 그들의 눈에 갓 들어온 신입 강사인 내가 그 반을 맡게 되니 얼마나 눈엣가시였을까?

그때부터 선배 강사들의 이유 없는 견제가 시작되었다. 지금이야 토익 수강을 2주 혹은 1개월이라는 단기간에 끝내지만, 2009년 당시만 해도 기본으로 2개월 강의를 듣는 학생들이 많았다. 재수강률이 곧 강사의 능력으로 평가되는 시절이었다. 그때 당시 내 강의의 재수강률은 80퍼센트 이하로 내려간 적이 없었다. 강의 피드백도 거의 만점에 가까울 정도로 나왔으니, 선배 강사들에게는 그런 내가 좋게 보이지 않았나 보다. 실력 있는 후배에 대한 견제이자 텃새였던 것이다.

그때 나를 아껴준 한 선배 강사는 "너를 괴롭히는 강사들은 원래 저런 사람들이니 그냥 무시하고 학생들만 보고 묵묵히 강의에만 집중해"라고 조언했다. '실력 좋은 후배가 자기들을 치고 올라오면 어떻게 하지?' 하는 생각 때문에 미리 방어하는 것이니, 실력과 좋은 강의로 학생들에게 인정받으면 그것으로 끝이라는 말이었다.

몇 년간 말로 다 표현할 수 없는 굉장히 힘든 순간들이 닥쳤지만, 나의 최우선 순위는 늘 내 수업을 듣는 학생들이라 생각하고 묵묵히 강의에만 집중했다. 혹시 직장에서 누군가 이유 없이 당신을 힘들게 한다면, 내가 그들에게 꽤나 신경 쓰이는 존재가 되었거나 잘하고 있다는 반증이므로, 자신이 하고자 하는 일만 보고 묵묵히 꾸준하게 하면 된다.

그 이후로 나를 힘들게 했던 선배 강사들은 나의 실력과 사람 됨을 알고 나서 내게 먼저 손을 내밀고 다가왔다. 이제는 그분들에게 감사드린다. 치열한 경쟁이 난무한 토익 시장에서 내가 더 단단해지게 된 계기가 되었기 때문이다. 대형학원에서 강의를 시작하고 난 후, 강의만 잘하는 게 능사가 아니라 강의 말고도 부수적으로 힘든 일이 너무나 많다는 것을 그때서 처음 알았다.

그런 시기 덕분에, 종종 힘들 때면 "그때보다 더한 일이 있으랴" 하면서 어떤 힘든 일이 와도 덤덤하게 학생들만 바라보고 앞으로 나아갈 수 있게 되었다. 내가 계속 강의할 수 있는 힘은 오직 '학생들'이기 때문이다.

그 이후로 내가 크게 깨달은 것이 2가지 있다.

첫째는 나를 성장하게 하는 것은 '시련'과 그 시련을 주는 사람들이라는 것이다.

둘째는 프로의 세계에서는 결국 '실력'만이 모든 것을 이긴다는 진리다. 실력이 곧 나의 파워이고, 나를 지켜줄 수 있는 강력한 무기다.

위기와 기회는 늘 한꺼번에 찾아온다

신촌 파고다어학원에서 3년 차 강의에 접어들 때쯤 또 다른 위기가 찾아왔다. 토익 시장의 침체로 토익 강사를 계속할지 어떨지 진로 고민이 시작된 것이다. 학생들의 숫자가 점점 줄어드는 것이 괜히 강사로서의 내 능력 탓인 것 같아 자존감이 많이 낮아진 상태였다.

그즈음 어머니는 갑작스럽게 쓰러지셔서 입원을 했고, 설상가상으로 아버지는 믿었던 친척으로부터 소송을 당했다. 상심이 큰 두 분을 보살피느라 정말 정신이 없던 나날을 보내고 있었다.

어떻게 안 좋은 일은 갑자기 한꺼번에 찾아오는 것인지, 지방에 계시는 부모님을 챙기느라 일주일에 두세 번 정도는 수업이 끝나자마자 서울과 지방을 오가는 생활을 했다. 다른 학원으로 옮기든지 차라리 부모님 계시는 지방에 있는 학원을 알아봐야겠다고 알아보던 차에, 학원에서 또 다른 제의를 했다.

강남에 새로운 어학원이 생겨, 기존 강남 파고다어학원에 근무하던 1타 강사들이 여러 명 그쪽으로 옮기게 되어 공석이 생긴 것이다. 그 자리를 맡아달라는 스카우트 제의였다. 정말 좋은 조건이었지만 처음에는 거절했다. 여러 가지 해결해야 할 문제들도 있었고 '강남'이 주는 중압감이 있어서 두려웠던 것이다.

'과연 내가 잘할 수 있을까?'

그만큼 나와 내 주위에 일어나는 일들이 힘들고 버거워서 좋은 기회조차 시도하는 것이 두려웠다.

하지만 한편으론 '더 이상 물러설 곳이 없어. 이게 또 내 인생의 또 다른 전환점이 될지 몰라. 다른 곳에서 다시 새롭게 열심히 할 에너지로 강남에 가서 더 열심히 해보자'라는 생각이 들어 제안을 받아들였다.

여담이지만, 강남 파고다어학원으로 옮기기 정확히 1년 전에 친구들과 강남역 근처에서 술을 마신 적이 있다. 강사 생활의 불안한 미래를 한탄하며, 강남 파고다어학원 건물 맞은편에 쪼그리고 앉아 그 건물을 바라보며 친구에게 넋두리를 했다.

"친구야, 사람이 태어나서 한 번쯤은 대한민국 최고라고 하는 강남에서 강의를 하며 스타 강사 정도는 해봐야 하지 않을까?"

그런데 정확히 1년 후 그 말이 현실이 되어 강남에서 강의를 시작했고, 강남대로 한복판의 강남 파고다어학원 건물 전면에 내 얼굴과 이름이 적힌 현수막이 걸렸다. 그렇게 시작해서 전 타임 마감 강사, 특강 하루 만에 800명 마감 신화 등의 기록을 세우며 파고다어학원 토익 대표 강사로 자리매김하게 되었다.

과감하게 도전하라!
그래야 인생이 바뀐다

인생의 터닝 포인트에서 위기는 반드시 기회와 동반해서 온다. 하지만 대부분의 사람들은 위기와 함께 오는 기회에 도전하기보다는 도전할 수 없는 이유부터 찾는다. 내가 처음에 그랬던 것처럼, 스스로 자신의 한계를 긋고 자기합리화를 하는 것이다.

나는 적어도 피하거나 포기하지 않았다. 과감하게 다른 길을 선택하고 도전해서 내 인생의 터닝 포인트로 만들었다. 만약 기회를 잡아 성공이라는 운까지 주어진다면, 그것은 여태까지 힘들게 준비하면서 고생한 자에게만 주어지는 특별한 보상이라고 생각한다.

여러 가지 시련을 겪은 이후 나는 어떠한 위기나 어려움이 올 때마다 '이번에는 얼마나 좋은 일이 있으려고 이렇게 큰 시련이 오는 거야?'라고 생각하며 기꺼이 도전이라는 기회를 택할 수 있는 자세를 갖게 되었다.

휴식은 전진을 위한 멈춤이다

매일매일의 도전인 강의

미국의 한 기관에서 공포증에 대해 설문조사를 한 적이 있다. 1위는 놀랍게도 '고소공포증'도, '죽음에 대한 공포'도 아닌 낯선 사람들 앞에서 발표해야 하는 '발표공포증'이었다. 이 조사 결과만 봐도 알 수 있듯이 남들 앞에서 말한다는 것이 얼마나 스트레스를 받고 힘든 일인지 다들 공감할 것이다.

가끔 사람들이 나에게 "어떻게 몇백 명이나 되는 학생들 앞에서 카리스마 있게 그리 말씀을 잘할 수 있어요?"라고 묻는다. 믿기 어렵겠지만, 15년이 넘는 강사 경력에도 불구하고 나는 매번 강의 때마다 긴장된다.

나를 찾아오는 학생들을 생각하면 더욱더 그럴 수밖에 없다. 대부분의 학생들은 취업이나 자격증 시험을 목전에 두고 있고, 벼랑 끝에서 정말 지푸라기라도 잡고 싶은 절박한 심정으로 두 눈에 불을 켜고 공부하는 이들이기 때문이다.

그런 그들 앞에서 강의를 한다는 것 자체가 내게는 지난 강의 경력과는 무관하게 매일매일의 큰 도전인 셈이다. 한 달 동안 노력한 결과가 다음 달에 고스란히 점수라는 이름으로 나와서 냉정하게 성공과 실패가 나뉜다. 그 숫자는 마치 지난달 내가 얼마나 잘 살았는지 평가하는 성적표 같다. 성적이 잘 나온 달이면 학생들에게도 나 자신에게도 격려를 했지만, 그렇지 못한 달에는 학생들과 같이 마음 아파하고 나 자신을 다그치기도 했다.

잠시 쉬어야겠습니다

매달 오직 고득점이라는 목표를 향해 나 자신과 학생들을 몰아쳤는데 내 인생에 제동이 걸렸다. 오직 전진만 있을 줄 알고 앞만 보고 달려왔는데, 갑자기 몸이 멈춰선 것이었다. 기름이 떨어져서 그런 것인지 엔진에 문제가 있는 것인지 아무것도 모른 채 길 위에 그냥 홀로 남겨져 있는 느낌이 들었다. 번아웃이 찾아왔다.

새벽에 시작해서 저녁까지 이어지는 거의 10시간에 가까운 오프라인 강의 강행군으로 방학 때마다 링거를 맞는 것은 다반사였고, 그나마 강의가 없는 시간에는 인터넷 강의를 촬영했고 교재 출판을 위한 집필을 했다. 주말이라도 별반 다를 것 없는 일상을 보냈다. 이것이 수년간 강사 라수진으로서 분 단위를 쪼개가며 살아왔던 내 일상이었다.

누군가는 그렇게 바쁜 나의 삶을 잘 풀리는 삶이라고 평가할 수도 있을 것이다. 하지만 자기 삶은 어느 누구도 아닌 자신만이 알 수 있고, 평가할 수 있다. 바쁘다는 핑계로 무시했던 내 안의 또 다른 나의 목소리에 귀를 기울이기로 했다. 나는 '휴식'이 필요했다. 수년간 앞만 보고 고속으로 전력질주만 했던 나에게 누군가 고맙게도 속도를 그만 줄이고 주위를 돌아보라고 전하는 경고의 메시지 같았다.

흔히들 '도전'이라는 단어를 들으면, 새롭게 진취적인 무언가를 해내는 것을 생각하지, '휴식'이라는 단어를 쉽게 떠올리지 못한다. 도전이라고 하면 당연히 전진을 의미한다고 생각하고, '쉼'은 전진이 아닌 후퇴 혹은 멈춤이라는 생각 때문일지도 모르겠다.

나는 내 마음의 외침에 따라 과감히 '휴식'에 도전하기로 결정했다. '휴식'이 무슨 도전이겠냐고 하는 사람도 있겠지만, 여태까지 목표지향적인 삶을 살아온 나에게 '쉼'이란 사형선고처럼 느껴졌다. 쉬면 나 혼자 도태되고 모든 것들이 다 멈춰지는 느낌이랄까? 도전을 하려면 늘 선택을 해야 한다. 늘 선택에는 '포기'와 '내려놓음'이 수반된다.

'내가 가지고 있던 모든 것들을 다 내려놓을 수 있을까?'

특히 나 같은 강사들이 강의를 줄이거나 안 한다는 것은 많은 것을 감내해야 한다는 것을 의미한다. 학생들의 수가 곧 강사의 능력을 보여주는 사교육 시장에서, 쉰다는 선택은 스스로 수입을 줄인다는 것이며, 어쩌면 쉬는 동안 나를 찾는 학생들에게서 멀어지거나 그들에게서 서서히 잊혀지는 존재가 된다는 두려움을 기꺼이 받아들여야 한다는 것이기 때문이다.

휴식에 도전하기 어려운 이유

솔직히 많이 두려웠지만 기꺼이 '휴식'이라는 도전을 감행했다. 그렇다면, 사람들은 왜 도전하기가 그토록 어려운 것일까?

첫 번째 가장 큰 이유는 '불안함' 때문이다. 왜 불안한 것일까? 뭔가를 해야 하는데 하지 못해서 불안하거나, 뭔가를 할 수 없어서 불안한 것이다. 그대로 있자니 불안하고, 뭘 하는 것은 더더욱 불안하다. 그런데 언제까지 계속 불안해하고만 있을 것인가?

'쉬어도 정말 괜찮을까?'

내가 맨 처음 불안했던 이유도 이 물음이 계속 머릿속에 맴돌았기 때문이다. 휴식이란 단순히 쉬는 것인데, '쉬는 동안 더 나은 인생으로 발돋움할 수 있는 발판을 마련해 하루하루 헛되지 않게 보내야지'라는 생각과 '그렇게 하루하루 충실하게 보내지 못하면 어떻게 하지?'라는 불안이 가득 차 있었다.

그 상황을 해결하기 위해서, 일단 그 불안은 어느 누구도 나에게 준 것이 아닌 내가 만든 허상일 수도 있다는 생각을 했다. 당장 내가 노력해서 고칠 수 있는 불안이라면 그냥 노력하면 되었고 지금 당장 해결할 수 없는 불안이라면, 즉 시간적 여유가 필요한 것이라고 자연스럽게 받아들이고 천천히 해결하려고 했다. 성격 급한 나로서는 굉장히 힘든 일이었지만, 그러다 보니 서서히 불안이 줄어들었다.

두 번째 도전이 힘든 이유는 '자기 자신에 대한 불신' 때문이다. 뭔가를 정말 멋지게 하고 싶은데, 생각처럼 그게 잘될지 안 될지 모른다. '내가 과연 정말 잘해 낼 수 있을까?'라고 생각하는 것은 자기 자신에 대한 믿음이 없기 때문이다. 또한 실수하지 않고 후회하지 않으려고 하는 행동의 이면에는 완벽을 향한 욕구가 있다. 잘하려다 보니 늦어지게 되고 어떤 경우는 아예 시도조차 하지 않게 된다. 그렇게 해서 한 번도 성취를 해본 적이 없기 때문에, 나를 불신하는 것이다.

MBC 다큐멘터리 〈휴머니멀〉에는 상아 때문에 코끼리를 무차별적으로 죽이는 장면이나, 관광 등의 목적으로 사육되는 코끼리가 변화되는 과정이 방영되었다. 많은 관광객들이 동남아에 여행을 가서 쉽게 코끼리를 타곤 한다. 나는 한 번도 코끼리를 타본 적은 없지만, 막연하게 어떻게 훈련했기에 조련사의 말을 저리 잘 들을까 궁금한 마음에 보게 되었다. 그 끝에 마주한 것은 불편한 진실이었다.

조련사는 코끼리가 자신에게 절대적으로 복종하도록 가르치는데, 그 방법은 어린 코끼리를 쇠사슬로 묶어놓고 마음대로 다닐 수 없게 하는 것이다. 심지어 옴짝달싹 못하게 한 뒤 쇠꼬챙이로 머리를 사정없이 내려치거나 끔찍하게 학대한다. 어린 코끼리는 이리저리 몸부림쳐 탈출을 시도해보지만 이내 포기한다.

오랜 시간이 지난 후 쇠사슬을 풀어줘도 코끼리는 '못' 벗어난다. 아니 '안' 벗어난다. 흔히 이런 상태를 '학습된 무기력(Learned Helplessness)'이라고 하는데, 프로그램을 보는 내내 많은 생각을 했다. 이런 현상이 비단 코끼리에게만 적용되는 것일까? 우리에게는 없을까? 나는 내가 생각하는 그 이상으로 잘할 수 있는 사람인데, 과거의 잘못된 경험이나 학습으로 인해, '못'하는 것이 아닌 '안' 하는 나로 만든 것은 아닐까?

소소한 도전으로 성공의 메커니즘을 익혀라

내가 뭘 하든 안 하든 인생은 계속 진행된다. 그런데 많은 사람들이 불안하다는 이유만으로 미루거나 회피하는데, 사실 하고 싶은 의지가 자신에게는 없거나 지금 상황이 그래도 견딜 만한 게 아닐까? 혹은 이미 스스로 '나는 할 수 없다'라고 계속 말하면서 자기 자신을 학습된 무기력의 상태로 몰고 가는 것은 아닐까? 1년 후에도, 5년 후에도 지금처럼 뻔한 삶을 산다면 무섭지 않은가? 이 상황을 계속해서 모면하고 피한다고 해서 해결되기는커녕 아마 계속 불안해질 것이다. 자신의 불안한 마음과 현실을 기꺼이 마주봐야 한다.

흔히 성공하는 사람들의 공통적인 특징을 보면, 도전과 성공의 메커니즘을 이미 몸소 경험한 사람들이 많다는 것이다. 불안함 속에서도 작은 시도를 하거나 소소하게라도 도전해봤기 때문에, 그 다음번 좋은 기회를 잡게 되고, 결국 그것이 성취로 이어지고, 그 성취감으로 얻은 자신감과 경험이 삶의 모든 영역으로 확장되어 또 다른 성공으로 이어지게 된다.

안주하지 않는 변화를 꿈꾼다

한 번뿐인 인생이라고?

최근 몇 년 동안 대한민국을 열풍으로 몰아넣은 단어가 있다. 바로 '욜로(YOLO, You Only Live Once)'다. 욜로는 '한 번뿐인 인생이라고 해서 미래를 위해 현재를 희생하기보다 현재를 즐기자'라는 말이다.

사실 여태까지 우리는 모두 한 번뿐인 인생을 살아왔다. 과거 우리 아버지 세대들은 평생 일을 할 수 있는 직장에 다니는 것을 최고의 미덕으로 생각해왔으며, 열정과 충성심을 다해 일해왔다. 하지만 지금은 어떤가? 평생직장도 평생직업도 없다. 우리가 100세까지 산다고 한다면, 이렇게 하루하루 급변하는 시대에는 최소한 두 번 이상의 다른 인생을 살아야 한다.

아무도 예상치 못한 코로나 바이러스가 전 세계를 휩쓸고 있는 지금 우리 삶에서 더 이상 안전지대는 없어졌다. 코로나 바이러스는 나에게도 내 학생들에게도 많은 영향을 미쳤다. 코로나 바이러스 사태로 인해 전례 없이 토익 시험이 몇 차례 취소되면서 토익을 공부하는 취업준비생들에게 비상이 걸렸다. 그들의 인생 계획에 차질이 생긴 것이다. 평소 여러 가지 목표를 세운 이들은 유연하게 다른 목표로 옮겨가면 되겠지만, 한 가지 목표에 매진해온 이들은 허탈해하면서 좌절하기도 했다.

모든 것이 불확실해졌다. 어떻게 보면 이 상황은 피치 못하게 맞이해야 할 우리의 미래지만, 코로나로 인해 더 앞당겨졌다고 볼 수 있다. 이런 위기 속에 누군가는 준비되지 않은 채 등 떠밀리듯 추락하듯이 두 번째 인생을 맞이할 것이고, 누군가는 치밀하게 자기만의 목표와 비전을 가지고 차근차근 새롭게 도전하면서 준비할 것이다. 지금처럼 '도전'이 절실하게 필요한 시기도 없을 것이다.

안정적일 때야말로
미래를 준비할 순간이다

2019년 겨울 송년회에서 간만에 친구들을 만나서 어떻게 지냈는지 서로의 안부를 물었다.

"수진아, 요즘 연락도 없고 뜸하던데 또 일이 바빠진 거야?"

"음…… 사실 나 요즘 책 쓰고 있어."

"무슨 책? 또 토익 책?"

"아니, 다른 책 쓰고 있어."

망설임 끝에 책을 집필 중이라고 말했는데, 내 이야기를 들은 친구들의 반응이 엇갈렸다. 나를 잘 아는 친구들은 "역시, 라수진 대단하다. 안주하지 않고 계속 도전하는 모습이 너무 멋지다"라고 하는 반면에, 한 친구는 "수진아, 책 쓰는 거 보통 힘든 일이 아니라는데, 수업하는 것도 바쁘다면서 책은 왜 쓰는 거야? 작가 하려고? 책 한 권 쓰는 일이 보통이 아닐 텐데……"라고 했다.

"왜 그렇게 힘들게 살아?"

주위 사람들이 나에게 자주 하는 말이다. 현재에 만족하고 살면 되는데, 왜 힘들게 끊임없이 계획하고 도전하느냐고 말이다. 사실 나는 지극히 '안정'을 추구하면서도 '안주'는 원하지 않는 성향이다. 끊임없이 변화를 꿈꾸고, 새롭고 창의적인 것에 대한 갈증이 누구보다 크다. 지금처럼 강의만 계속한다면 안정적인 연봉으로 계속 일할 수는 있겠지만, 그다음은 어떻게 될까?

내가 좋아하는 일이고 이 일이 천직이라 생각해서 나는 현장에서 학생들과 호흡하면서 계속 강사로 남고 싶다. 하지만 강의는 보통 힘든 일이 아니다. 하루 8~10시간 수업에 열정을 쏟고 나면 기진맥진할 정도로 힘이 빠질 때가 한두 번이 아니다. 남들은 높은 연봉을 부러워할지 모르겠지만, 세상에 공짜란 없다. 연봉만큼 심리적으로나 육체적으로 힘들고 개인생활을 희생해야 한다. 물론 그 희생의 대가로 주어진 것에 기꺼이 감수하면서 계속 살 수는 있겠지만, 그것은 내가 원하는 삶이라기보다는 그냥 감수하는 삶이라는 생각이 든다.

내 소중한 인생을 그저 감수나 하면서 살고 싶지는 않다. 세상도 바뀌고, 내 목표도 바뀌고, 나도 바뀐다. 매일매일 급변하고 언제 무슨 일이 일어날지 모르는 불확실한 미래를 앞두고 그냥 현실을 즐기라고? 그러기에는 나는 하고 싶은 것이 너무 많다.

세상 모든 것은 시간이 지나면 농익거나 아니면 썩기 마련이다. 강사로서 나의 실력은 익었을지 모르나, 고인 물은 반드시 썩는다. 한 우물을 15년간 판 것도 좋았지만, 그렇다고 앞으로 나의 가능성을 제한하고 싶지는 않다.

사실 강의 15년 차가 되면 눈 감고도 수업할 수 있을 정도가 된다. 그래서 매너리즘에 빠지기도 쉽고, 별다른 노력 없이 현상 유지만 하자는 생각도 든다. 그냥 강의만 하면 된다고 생각하기 쉽다. 정상에 도달했다는 성취감이나 만족감에 빠져 있을 때야말로 가장 경계해야 할 때다. 모든 것이 충분하다고 느껴질 때야말로 차분하고 여유롭게 미래를 제대로 준비할 수 있는 때라고 생각한다. 그렇지 않으면 훗날 발등에 불이 떨어져서 성급하게 미래를 맞이할지도 모른다. 제대로 준비하지 못한다면 반드시 위기라는 대가를 치르게 될 것이다.

내가 책을 쓰는 이유도 바로 다가올 제2의 인생, 제3의 인생을 나만의 목표와 비전을 가지고 도전하며 살고 싶기 때문이다. 현재의 삶에 안주하지 않고, 늘 새로움을 추구하고, 도전하는 나 자신을 더 키우고 싶다. 여태껏 살아왔던 토익 강사의 삶도 감사하지만 한편으론 토익 강사의 삶과 더불어 더 업그레이드될 다음 인생도 기대된다.

현재의 '시간 전망'으로 미래를 준비하라

지금 당신의 모습은 어떤가? 혹시 생각만 하고 도전하지 않은 채 안일하게 살았던 1년 전 그대로인가? 아니면 그 반대인가?

하버드대학교 에드워드 밴필드(Edward Banfield) 박사는 지난 50여 년간 사람의 성공, 행복, 성격을 결정짓는 핵심 요인을 연구했다. 그 핵심 요인은 바로 '시간 전망(Time Perspective)'이다.

'시간 전망'이란 현재 어떤 행동을 할 때 그것이 미래까지 어떤 영향을 미칠지 고려하는 것을 말한다. 지금 내가 생각하고 도전하는 것이 앞으로의 나를 만드는 것이다.

현재의 내 삶에 만족하지 못한다면, 안타깝지만 그것은 내가 예전에 내린 잘못된 선택의 결과이며, 그것은 전적으로 어느 누구도 아닌 나에게 책임이 있다.

주도적으로 자기 삶을 선택하지 않는다면, 다른 사람의 인생을 위해서 평생토록 나의 소중한 시간을 써야 할지도 모른다. 내 꿈과 목표를 위해 도전하지 않는다면, 평생 타인의 꿈과 목표를 실현하기 위한 들러리가 될지도 모른다. 지난 1년 동안 당신이 도전했던 일은 무엇인가? 무엇이 가장 중요했는가? 이 질문에 거침없이 대답하는 분들이라면 지금 해왔던 것처럼 계속 잘하면 된다. 하지만 그렇지 못한 경우라면, 정말 심각하게 자신을 점검하고 넘어가야 한다.

너무 자기 자신을 몰아치는 게 아니냐고 반문하는 사람들도 있을 것이다. '도전'에 피로감을 느낄 수도 있다. 하지만 동서고금을 막론하고, 앞으로도 자기와의 끊임없는 도전과 자기계발에 관한 관심은 특히 사회가 어려워지고 불안해질수록 더 크게 증가할 것이다.

프랑스의 철학자이자 소설가인 장 폴 사르트르(Jean Paul Sartre)는 "인생은 B와 D 사이의 C다"라고 했다. Birth(출생)와 Death(죽음) 사이의 Choice(선택)라는 말이다. 인간은 태어나면서부터 죽을 때까지 끊임없이 무언가를 선택해야 한다는 것이다.

선택은 내가 내 삶의 주인공일 때 가능하다. 즉 주체가 나일 때 비로소 할 수 있는 것이다. 나는 앞으로 도전할지 그냥 현실에 안주하고 살지 선택의 기로에 서 있다. 이제 그 물음에 답해야 할 때가 왔다.

일단 저지르고 개선하자

당신은 Thinker? Talker? Doer?

새로운 것에 도전할 때 생각만 깊게 하는 사람(Thinker), 말만 앞서는 사람(Talker), 바로 실행에 옮기는 사람(Doer)이 있다. 당신은 어디에 해당하는가?

나는 Thinker이면서 Doer라고 할 수 있다. 좀 더 엄밀히 말하면 20대까지만 해도 사실 Thinker에 가까웠지만, 30대가 넘어서자 Doer로 바뀌었다.

그렇게 된 것은 내가 20대를 거치면서 겪은 경험들과 부모님의 영향이 컸다. 매사에 신중하고 진중하게 결정을 내리는 성향은 아버지를, 반면에 뭔가를 계획하거나 추진하는 성향은 어머니를 많이 닮았다.

딸 넷을 키우느라 바쁜 와중에도 어머니는 서예, 꽃꽂이 강사 자격증을 비롯해, 일본어와 영어를 공부하며 시집을 세 권 출간했다. 심지어 〈전국노래자랑〉까지 나간 이력이 있을 정도로 평생 끊임없는 자기계발을 해온 분이다. 팔순이 된 지금도 아직도 하고 싶은 일이 많다는 어머니를 보고 있으면 나 역시 자극을 받아 계속 도전하게 된다.

그냥 해!
그리고 내 촉을 믿어라

새로운 시도를 할 때마다 주변에서 만류하거나 반대하는 사람이 많다. 특히 가족과 친구들을 포함해서 가까이 지내는 사람들이 더 그렇다.

진심으로 걱정해주는 것이 고맙기는 하지만, 어느 순간부터 내 계획에 대해 일일이 이야기하지 않기 시작했다. 아니면 일을 저지르고 나서 이야기할 때도 있었지만 그럴 때라도 주변의 반대를 참고만 하는 정도로 넘어가려고 노력했다. 어차피 새로운 도전을 하는 것도 나 자신이며, 그 결과에 대한 책임도 내가 지는 것이기 때문이다.

노후 준비를 위해 재테크에 한참 열을 올렸던 시기가 있었다. 나도 누군가처럼 매달 월세를 받을 수 있으면 좋겠다는 생각으로 부동산 투자의 첫 입문 단계라고 할 수 있는 오피스텔에 투자했다. 부동산의 '부' 자도 몰라서, 1년 동안 부동산 관련 도서만 50권 이상 읽었고 거의 2년간 매일 2가지 경제신문을 읽고 전망이 괜찮다는 지역과 정보를 꼼꼼하게 스크랩했다. 여담이지만, 그때 했던 스크랩을 지금 다시 펼쳐보면 그 당시 신문에서 전문가들이 오를 곳이라고 분석한 곳과 내가 분석한 곳을 비교하는 재미도 있다.

그때 당시 나름 전망이 좋다는 지역에 좋은 물건을 발견하게 되어 투자하게 되었다.

사실 인생 첫 투자여서 고려할 점도 많았고, 내 생각이 옳은 것일까, 집값이 내려가면 어떻게 될까, 세입자를 못 구하면 어떻게 될까 등등 정말 많은 고민을 했다.

조언을 구하러 들른 부동산중개소에서 중개인은 내가 선택한 곳보다 그 옆에 있는 매물을 추천해줬다. 중개인이 추천한 곳은 싸게 나온 원룸 오피스텔이었고, 내가 투자하고 싶었던 물건은 방 한 개가 따로 독립된 투룸 형태였다. 추천 매물보다 가격은 조금 더 비싸고 평수가 조금 넓은 곳이었다.

주변에 벌써 많은 원룸 오피스텔이 있어서 시장이 이미 포화 상태였고 앞으로도 더 공급될 예정이어서, 나는 역과 바로 연결

되면서 방 한 개가 독립된 곳을 선택했다. 그곳이 나름 희소성이 있을 거라는 판단 때문이었다. 그런데 부동산 중개인은 투자라는 것은 그렇게 하는 게 아니라며 핀잔을 줬다. 사실 그 순간 잠깐 흔들렸지만, 그냥 나의 촉을 믿어보기로 했다.

결과는 어떻게 되었을까? 결국 나의 선택이 옳았다. 부동산 중개인이 추천한 곳은 지금도 시세가 제자리지만, 내가 선택한 곳은 가격도 오르고 세입자를 구할 때도 입지 장점이 있어 투자 측면에서 더 성과가 좋았다.

일단 먼저 행하고 그 과정에서 개선하면 된다

사실상 내가 이렇게 대담하게 결정할 수 있었던 이유가 있다. 이곳에 투자하기 전에 몇 군데 투자할 곳을 시뮬레이션해봤는데도 너무 생각만 한 나머지 놓친 적이 여러 번 있었기 때문이다. 시뮬레이션을 했던 곳이 많이 오르면서, 그때 투자하지 않은 것을 후회했다. 사실 난 여태까지 내가 한 결정에 대해서 후회를 하는 유형은 아닌데, 그때는 너무 후회스러웠다. 다음번에 기회가 생기면 '그냥 무조건 해보자'라는 쪽으로 생각이 바뀌게 된 것이다.

만약 생각만 하고 투자를 하지 않았다면, 부동산에 대한 안목도 키울 수 없었을 것이고, 나의 자산도 더 이상 늘어나지 않았을 것이다. 생각이 많으면 많을수록 사실 행동으로 옮기기는 더욱 어렵다. 그렇게 생각하다 보니, 내가 그냥 놓쳤던 기회가 '도대체 돈으로 환산하면 얼마야?'라는 아쉬움까지 들었다.

예상치 못한 무수한 좋은 기회들이 사실 우리도 모르는 사이 매번 스쳐 지나가지만, 오직 움직이고 행동하는 사람만이 그 기회를 낚아챌 수 있다. 그 기회를 놓칠지, 잡아서 더 크게 키워 나의 삶의 전환점으로 만들지는 전적으로 자신의 행동에 달려 있다.

그 기회를 선택하는 과정이 굉장히 고독할 수 있다. 주위의 부정적인 반대를 무릅써야 하고, 오직 자신의 선택에만 집중하고 책임져야 하기 때문이다.

하지만 미래는 아무도 알 수 없다. 미리 단정 짓지 말고 뭐든 저질러서 해봐야 그 끝이 성공일지 실패일지 알 수 있지 않을까? 도전하기도 전에 미리 겁먹을 필요는 없다. 설사 그 끝이 좋지 않다 하더라도 '어쩌라고(So what)?' 하는 마인드로 다시 수정해서 고쳐 나가면 된다.

어쨌든 행동으로 옮긴 Doer들은 실패든 성공이든 행동하지 않은 사람보다 더 많은 것을 해냈고 해낼 것이다. 막상 움직여서 일단 도전하게 되면 신기하게도 우리는 어떻게든 다 해낸다. 그 관문만 넘어서면 나 자신에 대한 자신감과 신뢰가 쌓여서 앞으로 어떠한 도전이 와도 다 해낼 수 있다.

나의 안전지대로부터 벗어나야 한층 내 인생이 업그레이드되고 발전할 수 있다. 일단 저지르고 도전했을 때 얻는 결과는 2가지다. 하나는 성취다. 또 다른 하나는 비록 성취하지 못하더라도 실패를 통해 중요한 교훈과 지혜를 배운다는 것이다.

실패는 최고의 능력을 이끌어낸다

당신의 실패 내성 지수는?

아이하라 다카오가 쓴 《왜 성공하는 사람만 성공할까》(유노북스, 2015)라는 책에 보면, 전 세계의 엘리트들만 모인다는 미국의 명문대 하버드대학교나 스탠퍼드대학교에서는 입학 면접을 볼 때 반드시 학생들에게 묻는 질문이 있다고 한다.

바로 "당신은 무언가 실패한 경험이 있나요?"라는 질문이다. 대학 면접에서 수험생의 실패에 대한 경험을 묻는 것이다. 입학 후에는 '실패 예행연습'이라는 수업을 진행한다.

왜 이런 엘리트들에게 실패를 교육하는 것일까? 그 이유는 이들 중 실패 경험이 없는 사람이 많기 때문이다. 입학시험을 준비하는 과정에서 크게 실패하거나 힘들 일이 없었던 사람이 대부분이기 때문이다.

리더십 이론의 권위자들은 진정한 리더가 되기 위해서 반드시 필요한 경험은 바로 '실패'라고 하나같이 입을 모아 이야기한다. 그래서 이들 학교에서는 입학 후 '실패 예행연습'이라는 수업을 통해서 '실패 내성'을 키우게 하는 것이다.

실패 안 해본 인생
= 인생 실패가 기다리고 있는 인생

내 인생의 첫 실패는 '수능시험'이다. 나는 초중고를 거치면서 소위 모범생으로 학창 시절을 보냈다. 학급반장 및 전교회장을 했고, 성적도 늘 상위권이어서 모든 사람이 내가 원하는 경희대학교 한의과에 무난히 들어갈 거라고 생각했다.

하지만 수능시험 당일 너무 긴장한 탓인지 갑작스러운 복통으로 2교시 수학시간에 화장실을 갔다 오는 바람에 시간 조절에 실패하면서 자신 있었던 수학 성적이 형편없이 나왔다. 성적이 너무 낮게 나와서 오죽했으면 담임선생님이 교육청에 가서 직접 내 성적을 확인할 정도였다.

그때 처음 인생의 실패를 맛보고, 인생의 패배자인 양 한동안 방황했다. 그도 그럴 것이 여태까지 아무 어려움 없이 잘 살아왔는데, 인생 최대의 진로를 결정하는 대학 입시라는 관문에서 이렇게 될 줄은 누가 알았겠는가? 주위의 어느 누구도, 심지어 나조차도 생각하지 못했던 일이기 때문에 현실을 받아들이기 힘들었다. 지금 다시 그런 일이 생긴다면 '다른 계획을 세워 유연하게 대처하면 되지'라고 생각할 정도로 여유가 생겼지만, 어린 나로서는 인생이 그냥 끝나는 느낌이었다.

그때 일곱 살 터울의 언니가 낙담한 나에게 조언을 해줬다.

"수진아, 너는 여태까지 승승장구해서 잘 모르겠지만, 앞으로 네 인생에 수많은 실패가 있을 거야. 그러니 더 이상 낙담하지 말고 지금부터 다시 차근차근 도전하면 돼. 한의사 말고 네가 좋아하는 영어를 전공하는 건 어때?"

위로로 건넨 말이었지만, '도전'을 하라는 말보다 '앞으로 많은 실패가 기다리고 있다'는 것이 더 충격으로 다가왔다. 그때까지만 해도 나는 세상일은 마음먹은 대로 노력하면 다 되는 줄 알았다.

재수는 죽어도 안 된다는 부모님과 나조차도 재수는 자신이 없었던 터라, 일단 우회하는 방향으로 진로를 수정했다. 결국 언니의 조언으로 '한의사'의 꿈을 잠시 접고, 진로를 변경해 내가 좋아하는 영어를 전공으로 선택했다. 그리고 나는 '영어 강사'가

되었다.

지금 생각해보면 정말 운명적인 선택이 아닐 수 없다. 병원에서 환자를 보는 나보다 강의실에서 학생들과 같이 호흡하면서 활동하는 데 보람을 느끼는 내가 더 행복하다는 것을 깨달았기 때문이다.

인생을 살아가면서 누구나 크고 작은 실패를 경험한다. 어느 누구도 남의 실패에 대해 함부로 말할 수 없다. 하지만 분명한 것은 실패할 때 누군가는 실패를 발판으로 도전하여 자신이 이루고자 하는 바를 성취할 것이고, 누군가는 주저앉아 포기할 것이다. 그렇지만 영원한 실패는 없다. 단지 그것을 바라보는 관점의 문제다. 실패를 맞닥뜨렸을 때 거기에 반응하는 나만의 방식이 결국 앞으로의 내 인생을 결정하는 것이다.

실패를 교훈 삼아 나아가지 못하면 진정한 실패다

우리는 뭔가에 도전하거나 어떤 일을 시작하려 할 때 불안하고 두려워한다. 그 이유는 실수하지 않으려 하고 후회 없이 완벽하게 잘 해내고 싶은 욕구 때문이다. 잘하려다 보니 생각만 하다가 늦어지거나 아예 하지 못하는 경우가 있다. 어떤 일을 할 때 신중함은 중요하지만, 오히려 지나친 신중함은 내가 이루고자 하는 일에 제동을 건다.

유아 시절 우리는 걷는 법조차 몰랐을 때도 수없이 넘어지기를 반복하면서 또 일어섰다. 언제부터 우리는 '실패'를 두려워하게 되었을까? 그것은 아마도 처음 실패를 마주했을 때 겪었던 불안과 두려움을 극복하지 못해서일 것이다.

3~5세 아동을 대상으로 마시멜로를 보여준 후 15분 참았다 먹으면 하나 더 주기로 하는 실험으로 아이의 자기 통제력과 절제성이 미래의 성공과 연결되는지 여부를 연구한 월터 미셸(Walter Mischel)은 이렇게 말했다.

"성공에 대해 기대를 지니는 아이는 새로운 과제를 받았을 때 성공한 적이 있는 것처럼 자신감 있게 바로 시작하며, 실패에 대한 생각을 하지 않기 때문에 실패의 위험을 무릅쓴다."

일단 작은 것이라도 시작해보는 것이 중요하다. 많은 경험과 시도를 통해서 좌충우돌하면서 배워야 한다. 잘되면 성공하는 것이고, 설사 잘 안 되더라도 실패가 아니라 성공에 대한 제대로 된 방법을 발견하지 못하는 과정이었을 뿐이라고 생각하면 된다. 그 실패를 교훈 삼아 나아가지 못할 때가 진정한 실패다. 제대로 되지 않은 방법을 많이 발견하면 할수록, 결국 언젠가는 제대로 된 방법으로 나아갈 수 있게 된다.

작은 승리는 자신감을 주고 자존감을 높이고 인생을 바꾼다

우리는 실패했을 때 낙담이라는 감정과 같이 찾아오는 '자기부정'을 조심해야 한다. 살다 보면 나의 잘못된 선택으로 실패하는 경우도 있지만, 주위 환경으로 인해 실패하거나 우리가 어떻게 손쓸 수조차 없는 상황 때문에 실패하는 경우도 있다. 그때마다 나를 부정하거나 자책해서는 안 된다. 나 때문이 아니라, 내가 아무리 잘하고 싶어도 잘 안 될 때가 있으며, 외부의 요인으로 어쩔 수 없는 경우도 있기 때문이다.

성필이가 친구의 소개로 나를 찾아온 것은 2018년 여름방학 때였다. 독학하다가 안 돼서 타 학원에서 4개월간 강의를 들었지만 토익 성적이 계속 제자리를 맴돌아서, 마지막 지푸라기라도 잡는 심정으로 온 것이다.

성필이처럼 잘못된 방식으로 공부하다가 실패가 거듭되면서 '자기효능감(Self-efficacy, 나는 할 수 있다라는 자신의 능력에 대한 스스로의 평가와 신념)'이 떨어져 나를 찾아오는 학생들이 사실 많다. 이들은 대부분 나를 만나기 전에 이미 여러 학원을 전전하며 여러 권의 문제집을 풀고 고군분투했지만 결국 성적이 안 나온 경우가 많다. 그래서 어차피 이번에도 안 될 거라고 여기며 과거의 실패했던 '자기부정'의 생각에 사로잡혀 중도 포기를 하는 일이 많다. 이런 친구들은 내가 아무리 동기를 부여해도 '자기부정'이 너무도 심하게 자리 잡혀서 비집고 들어갈 틈이 없다.

반면, 성필이처럼 포기하지 않고 여태까지 자기가 해온 방식을 버리고 따라온 친구도 있다. 훗날 들은 이야기지만, 성필이는 다른 학원에서 공부를 했을 때 스스로 많이 자책했다고 한다. 영어에 너무 소질이 없어서 '나는 이대로 안 되나 보다'라고 말이다. 마지막이라고 생각하고 별 기대 없이 찾은 내 강의에서, 그는 시간이 지날수록 자신이 못해서라기보다는 여태까지 해온 방식이 잘못되었음을 알아차렸다.

그 후로 정말 열심히 공부했고, 수업시간에 치르는 시험에서도 점차 점수가 높아지면서 '아, 이렇게 공부하면 나도 할 수 있겠다'라는 자기 믿음이 생겼다고 한다.

성필이는 그렇게 한 달 공부한 후에 토익 점수 890점을 받았다. 기존 점수 580점을 훌쩍 뛰어넘은 것이다. 이를 계기로 성필이는 자신도 할 수 있다는 자신감이 생겼고, 국제무역사 자격증, 한식조리사 자격증 등 여러 가지 자격증에 도전하며 결국에는 자기가 원하는 회사에 취업까지 하게 되었다. 이렇듯 작은 승리는 자신감을 주고 자존감을 높이고 인생을 바꾼다.

성공하는 사람들이 성공할 수밖에 없는 이유는 바로 이 메커니즘을 알기 때문이다. 한번 성공을 해본 사람은 어떤 일을 해도 성공할 가능성이 높다. 성공으로 얻은 자신감이 또 다른 도전을 할 수 있는 자신감의 연료와 원동력이 되기 때문이다. 우리가 성공할지 안 할지는 뭘 해봐야지 알 것 아닌가?

성필이의 경우도 마지막으로 나를 찾지 않았다면, 자기효능감을 회복하는 일은 가능하지 않았을 것이고 자격증에 도전하는 일로도 이어지지 않았을 것이다.

실패를 딛고 노력하고 시도하는 자에게는 도와주는 사람이 분명 나타나기 마련이다. 성필이에게 내가 그랬듯, 나에게 조언을 해줬던 언니가 그랬듯 말이다.

조금 늦게 시작해도 괜찮다

인생은 속도가 아니라 방향이다

"선생님, 저는 나이가 너무 많아요. 토익 고득점을 맞는다 하더라도 나이 때문에 취업을 제대로 할 수 있을까요?"

"지수야, 몇 살이지?"

"스물일곱 살요."

"지수야, 지금보다 더 많이 경험하고 공부하고 취업해도 늦지 않아."

학생들과 상담을 하다 보면 의외로 많이 듣는 질문 중 하나다. 조급함과 불안함이 묻어나는 질문으로, 학생들이 세상에 대한 희망은 어디에도 없는 것처럼 말할 때가 있다.

돌이켜보면 나의 20대도 그들과 다를 바가 없었다. 주위에 친구들이 막 취업하기 시작했을 때 나는 유학 생활을 시작했고, 친구들이 직장에서 2~3년 차 경력일 때 나는 그제야 취업하려고 동분서주하고 있었다. 20대 때의 나는 늘 친구들 앞에서 초라하고 한참 뒤쳐져 있다는 패배감에 젖어 있었던 것 같다.

서른 살 넘어 남들보다 늦게 강사 생활을 시작하면서, 친구들보다 몇 년 정도 늦게 출발한 것이 전혀 문제가 안 된다는 것을 뒤늦게야 알게 되었다. 어차피 친구와 나는 똑같은 길을 갈 수 없다. 나에게 맞는 길을 찾을 때까지 잠시 돌아갈 수도 있다. 사람마다 그 길을 찾아가는 시간과 방법은 각기 다를 수밖에 없다.

1년 아니 10년이 걸리더라도 내 길을 찾는다면 그 정도의 시간은 기꺼이 써도 괜찮지 않을까? 왜? 100세 시대니까. 특히 20대는 오롯이 자신들 앞으로 펼쳐질 멋진 인생을 위해 준비하고 도전하는 시간으로 사용해도 문제가 되지 않는다. 단 그 전제 조건은 내가 하고자 하는 방향을 정하고 끊임없이 그 방향으로 노력하며 나아가는 것을 말한다.

20대를 지나 30대, 40대가 되어 돌이켜보니 세상에 쓸데없는 일이란 없는 것 같다. 다만 하지 않은 일에 대한 후회만 있을 뿐이지. 끊임없이 노력하고 도전한 대가는 어떠한 형태로든 반드시 돌아온다. 인생은 속도가 아니라 방향이다(Life is not a speed but a direction).

나에게 맞는 옷을 입으려면 닥치는 대로 쇼핑하라

20대 때 내 꿈은 '호텔리어'나 '국제회의 전문가'가 되는 것이었다. 호텔이나 국제회의에서 멋지게 활약할 내 모습을 그리며, 그 꿈을 향해 호주와 미국 유학 후 한국으로 돌아와 1년 동안 호텔, 외국계 기업, 공기업, 대사관, 영국문화원 등 닥치는 대로 이력서를 내고 수도 없이 면접을 봤다. 결국 꿈을 이루지 못하고, '호텔리어'나 '국제회의 전문가'가 아닌 영어 강사가 되었지만, 영어 강사로 최종적으로 안착하기까지 깨닫게 된 사실이 하나 있다.

내가 그토록 취업하고 싶었던 곳은 남들이 부러워하거나 알아주는 곳들이었다는 점이다. 내가 좋아하고 잘할 수 있는 일을 찾은 게 아니었다. 그 주체가 내가 아니라 남이었다. 내가 만족하기보다는 부모님들이 좋아하고 남들이 부러워하는 삶을 살고 싶었던 것이다. 예쁘고 화려한 옷만 찾아다닌 것이다. 하지만 영어 강사라는 직업을 택하고 나서, 이제 나에게 어울리는 옷이 뭔지를 알게 되었다.

나에게 맞는 옷이 무엇인지 알기 위해 끊임없이 탐색해야 한다. 누군가가 비싼 명품 옷을 입었다고 해서 부러워할 것이 아니라, 시장을 가든 백화점을 가든 자기가 옷을 만들어 입을지언정 나에게 맞는 스타일을 찾고 설사 그 옷이 지금은 볼품없더라도 나만의 강점으로 승화시켜서 리폼해서 명품화시키면 된다. 그러기 위해서 끊임없이 나의 스타일이 무엇인지를 알기 위해 이곳저곳 쇼핑도 해보고 많은 옷을 입어봐야 한다.

이렇게 20대는 끊임없이 도전하고 준비해야 하는 시간이다. 그리고 30대 때는 20대 때 준비한 것을 바탕으로 탄력을 받아 앞으로 나아가야 한다.

뒤늦게 시작했지만 두 마리 토끼를 잡다

영어 강사의 일을 본격적으로 시작하자마자, 대기업 강의와 대학 출강에서 내 강의가 제법 입소문이 나서 여러 곳에서 강의 제안이 물밀 듯이 들어왔다. 길을 돌아온 느낌이지만, 영어 강사를 하자고 마음을 먹자 뭔가 묶여 있던 실타래가 하나씩 풀리는 기분이 들었다.

한국에 돌아오고 나서 면접을 본 특급호텔에서 제시했던 월급을 시간당 임금으로 따져보니 4,000원도 되지 않았다. 반면,

2006년 당시 내가 강사로 일해서 받았던 금액은 45분 수업시간 당 45,000원이었다. 하루에 4시간씩 일주일에 주 3일만 일하고 한 달에 200만 원을 벌었으니, 지금도 큰 액수지만 그때도 굉장히 큰돈이었다.

호텔에서 하루 10시간 주야장천 일해야지만 받을 수 있는 돈을, 나는 내가 좋아하고 잘할 수 있는 일을 하면서 단 45분 수업을 통해서 받게 된 것이다. 마치 내가 도전하고 준비하며 방황했던 시간을 보상받는 느낌이었다.

누군가는 내게 유학 경험과 미국 호텔에서의 취업 경력도 있는데 영어 강사를 하고 살기에는 아깝지 않느냐 말하기도 했지만, '캐나다, 호주, 미국 유학 생활을 한 호텔리어 출신의 토익 강사'라는 경력이 오히려 토익 강의를 할 때 다른 토익 강사들과의 차별점이 되었다. 나와 똑같은 길을 걸어온 사람은 이 세상에 아무도 없었기에, 이 이력은 곧 나만의 스토리가 되어 내 강의에 녹여낼 수 있었다.

남들보다 시간은 걸렸을지 모르지만 내가 좋아하면서 잘할 수 있는 일을 선택할 수 있었고, 뒤늦게 출발했지만 연봉도 예전에는 상상도 못한 억대 연봉을 번다. 원하는 천직과 연봉 두 마리 토끼를 잡은 셈이다.

뒤늦게 시작한다고 두려워할 필요가 없다. 각자만의 속도가 있다. 그 속도가 좀 느리고, 시간이 조금 더 걸리더라도, 다른 분야를 통해서 경험했던 자신만의 스토리로 무장된 노하우와 경험이 있다면 나보다 앞에 간 사람들을 충분히 추월할 수 있다. 나만이 할 수 있는 것, 나만이 제공할 수 있는 것, 대체될 수 없는 나를 만들 수 있게 끊임없이 노력하고 도전하는 것이 중요하다. 그 끝에는 늘 나만의 상품 가치를 인정해주는 엄청난 대가가 기다리고 있기 때문이다.

"It is in the moment of decisions that your destiny is shaped
(당신의 운명이 결정되는 것은 결심하는 그 순간이다)."
— 변화 심리학의 최고 권위자 토니 로빈스(Anthony Robbins)

2장

도전하려면 오늘 시작하라

도전의 선물, 운을 잡아라

지금의 나, 마음에 드나요?

이 책을 읽고 있는 여러분에게 "지금의 내가 마음에 드나요?"라고 묻는다면, 아마 선뜻 '그렇다'고 대답할 사람은 드물 것이다. 현재 나의 삶에 만족하지 못한다는 것은 지난 시간 나의 잘못된 결정이나 행동의 결과이므로 누구도 탓할 수 없다. 바로 내 책임이다.

가끔 사람들이 나를 보며 '운이 좋은 사람'이라고 생각한다. 사실 나도 그 점은 인정한다. 나는 강남 대형학원의 토익 대표 강사로, 내가 좋아하고 잘할 수 있는 일을 하며 돈을 벌고, 매달 나를 믿고 찾아주는 학생들도 있고, 내 이름의 토익 교재와 인터넷 강의들을 보며 전국의 학생들이 공부를 하고 있다.

나에게 운이 좋다고 말하는 사람들에게 해주고 싶은 말이 있다.

"이 자리에 오기까지 쉽지 않았습니다. 저는 그냥 현실에 안주하지 않고 쉼 없이 부지런히 교재를 연구하고 학생들만 바라보며 강의에 열중했을 뿐입니다. 그러던 중에 좋은 기회가 찾아왔고, 운이 더해져 좋은 결과로 여기까지 왔을 뿐이에요."

나는 좋은 운을 받을 준비가 된 사람인가?

가끔 후배 강사들이 몇 년 정도 일하면 나처럼 스타 강사가 될 수 있느냐고 묻는다. 그때마다 나는 "하루 종일 교재 없이 수업시간 내내 강의할 수 있나요? 그렇다면 일단 기본적인 요소는 갖췄다고 보면 돼요"라고 말한다.

나 같은 경우는 어떠한 상황에서 토익 강의를 하라고 해도 할 수 있다. 거의 10년치 토익 문제가 머릿속에 있다. 단어만 보더라도 몇 년도에 나온 문제, 어느 문제집에서 나온 문제인지 알아맞힐 수 있다. 매달 토익 시험에 응시해서 문제를 분석하고 연구를 해왔기에 가능한 일이다.

내 수업을 들어본 사람들은 알겠지만, 수업시간에 학생들에게 돌아가면서 문제의 정답과 오답의 근거를 설명하게 한다. 그렇게 할 수 있다는 것은, 언제든지 그들의 질문에 대답할 준비가 되어 있다는 뜻이다. 실력이 받쳐주지 못하는 강사들은 '혹시 내가 모르는 질문을 하면 어쩌지?'라는 두려움 때문에, 비대면으로 학생들에게 질문을 받는 경우가 있다. 만약 인터넷 강의를 준비하고 있는 강사라면 평소에 준비가 되어 있지 않으면 더욱 곤란하다.

인터넷 강의를 촬영하는 직원들 사이에 나는 NG가 거의 없는 강사로 통한다. 촬영하면서 실수를 하지 않는다는 말을 하면, 다른 사람들은 내가 촬영 전에 정말 준비를 잘해서 그런 줄로 안다. 미안하지만 살인적인 강의 스케줄 중에 그렇게 철저하게 준비할 시간은 없다. 카메라에 빨간 불이 켜지면 바로 강의를 시작할 수 있어야 한다. 만약 강의 준비가 되어 있지 않다면 나로 인해 여러 명의 스태프들이 고생하게 된다. 그러므로 철저하게 준비하든지, 평소에 실력을 쌓아서 바로 실전에 투입될 수 있는 상태가 되어야 한다.

작은 스튜디오 안에서 오직 카메라 한 대를 마주하고 있는 상황에서 그 카메라 너머 몇만 명의 학생들이 있다는 것을 전제로 촬영하는 인터넷 강의를 하면 오프라인 강의보다 더 많은 에너지가 든다. 나의 표정, 제스처, 시선 처리 하나하나가 인터넷 강의의 일부이므로 신경 써야 할 게 한두 가지가 아니기 때문이다.

강사로 제대로 성공하고 싶은 사람이라면, 어떠한 상황에서도 강의를 할 수 있는 준비를 갖추고 있어야 한다. 프로의 세계는 연습이 없다. 바로 실전에 투입된다. 인터넷 강의 촬영이나 교재 출판이라는 기회를 통해 스타 강사로 한 걸음 더 성장할 수 있는 운이 주어졌을 때, 그 운을 발판으로 도약하는 강사가 있는가 하면, 감당이 안 되거나 준비되어 있지 않아서 그 소중한 기회를 놓치는 경우를 종종 목격했다.

운이라는 것도 사실 보면 준비된 자, 즉 운을 받을 만한 사람에게만 주어진다. 그런 점에서 정말 내가 운을 받을 만한 사람인지 한 번쯤 생각해봐야 한다. 나는 그 운을 받기 위해 얼마나 도전하며 노력해왔는가. 마음속으로 자문해보자.

인생은 3~5년마다 정기적으로 리뉴얼된다

사실 나도 처음부터 강의를 잘했던 것은 아니다. 토익 대표 강사가 되기까지 토플, 텝스, CNN 청취, 특목고 영어뿐만 아니라 대기업 출강과 대학교 출강까지, 정말 영어를 가르칠 수 있는 곳에서는 다 가르쳐본 시간이 있었다. 그런 시기가 있었기에 어떤 강의를 맡아도 해낼 수 있는 것이다. 그 기간 동안 시중에 나와 있는 교재들은 다 섭렵해서 공부했다. 학생들이 어떤 문제를 가지고 와도 다 대답할 수 있는 이유가 바로 거기에 있다. 하지만 대부분의 사람들은 다른 사람들이 노력한 시간을 다 건너뛰고 결과만 보고 판단하는 경향이 있다.

사람의 인생은 3~5년마다 바뀌는 것 같다. 학창 시절에는 어느 대학을 갔느냐가 중요하지만, 대학에 들어가고 나서 3~5년이 지나면 어느 대학원을 갔는지 또는 어느 회사에 취업을 했는지가 중요하며, 그 이후로는 회사에서 어떤 직급으로 승진했으며 연봉은 얼마를 받는지가 중요하다. 그렇다면 3~5년 사이에 나는 무엇에 도전하고 노력했을까를 생각해봐야 한다. 그 시기를 잘 준비하고 이겨내야 비로소 앞으로 다가올 행운이라는 버스에 탑승할 수 있다.

내가 앞에서 운이 좋다고 한 것도 그런 이유에서다. 당시에는 몰랐지만 나는 매번 현재의 삶에 안주하지 않고 목표를 정하고 그 정한 방향으로 내 시간과 에너지를 오롯이 집중해서 써서 끊임없이 계속 도전해왔기 때문에 좋은 기회가 왔을 때 붙잡을 수 있었다.

이 책을 쓰는 지금도 3~5년 후의 나 자신을 위해 끊임없이 도전해가며 노력하고 있다. 이 책도 그 도전 중 하나다. 운은 어쩌면 도전하는 사람에게만 주어지는 것인지도 모르겠다. 운이라는 것은 집에 가만히 앉아 있다고 해서 택배처럼 문 앞에 배달되는 것이 아니라, 끊임없이 도전하는 자에게 우리가 모르는 저 어딘가에 있는 전지전능한 누군가가 나의 도전에 감동해서 내려주는 선물이 아닐까 싶다.

오늘은 어제의 결과이며, 내일은 오늘의 결과다. 오늘 변하지 않으면 내일도 1년 후도 달라질 게 없다. 내가 준비하지 않고 도전하지 않는다면, 결국 어쩌면 내 인생에 운은 앞으로 나타나지 않을지도 모른다.

익숙한 자신과 환경을 떠나라

낯선 세상에 나를 던져보다

어렸을 적부터 나는 스위스, 일본, 미국 등 해외에 사는 친척들 덕분에 자연스레 바깥 세계에 대한 호기심이 많았다. 친척들이 한국을 방문할 때면 펼쳐놓은 큰 여행 가방에서 쏟아져 나오던 신기한 물건들을 바라보며 '저 나라는 어떤 곳일까? 어른이 되면 저 나라에서 꼭 살아봐야지'라는 막연한 환상을 키웠다. 성장할수록 더 넓은 세계에 대한 호기심은 날로 커져서 지금까지 세계 22개 지역을 여행했다.

영어에 남다른 관심이 있었던 것도 지금 내가 이렇게 영어 강사를 하는 것도 그런 영향 때문인 것 같다. 영어권 나라인 캐나다, 호주, 미국에서 공부한 것은 훗날 토익 LC 강의에 영국식, 호주식, 미국식 발음의 차이를 설명하는 데 큰 도움이 될 줄 그때는 상상도 못했다. 어렸을 때의 경험 덕분인지 나는 틈만 나면 떠난다. 그것도 혼자서 가는 해외여행을 좋아한다.

주위에서 "어떻게 여자 혼자서 해외여행을 갈 수 있죠? 무섭지 않나요?"라고 묻는 사람들이 꽤 많다. 하지만 나는 기회가 된다면 혼자서 꼭 해외여행을 해보라고 권하고 싶다. 그 이유는 국내여행보다 더 많은 어려움이 곳곳에 도사리고 있는 해외여행에서 얻을 수 있는 경험이 더 많기 때문이다.

막상 나 혼자 해외여행을 떠난다고 결정하고 계획을 세운다고 생각해보자. 들뜬 기분도 잠시, 여러 가지 두려움이 머릿속에 자리잡을 것이다. 막상 가게 된다면, 가장 큰 장벽은 무엇보다 언어다. 현지인과 의사소통은 어떻게 할 것이며, 지도를 보면서 내가 원하는 곳에 잘 찾아갈 수 있을지, 중간에 예기치 못한 사건이나 사고가 발생한다면 어떻게 처리할지 등등 많은 근심 걱정으로 이내 머릿속이 복잡해질 것이다.

하지만 막상 여행을 갔다 온 적이 있는 사람들이라면, 지금 위에 열거한 걱정이 정말 기우에 불과하다는 것을 알 수 있다. 설사 그런 일이 닥친다 해도 그 당시는 힘들었을지언정 어려움을 이겨냈다는 자신감과 앞으로 뭐든지 더 잘 해낼 수 있다는 의

지로 마음가짐 자체가 바뀌어 있을 것이다. 그런 점에서 보면, 여행의 과정은 마치 도전의 과정과 흡사하다. 시작할 때는 두려움과 불안함이 엄습하고 중간에 우여곡절이 있을 수 있지만, 그 어려움을 극복하고 여행이 끝날 무렵에는 성취감과 자신감으로 또 다른 여행을 기약하게 되는 것처럼 말이다.

내 인생의 지도를 그려라

나는 걷는 것을 참 좋아한다. 천천히 걷다 보면 때로는 차를 타고 가다가 놓치는 풍경들을 구경할 수 있다. 지나가는 사람들의 표정, 말투 그리고 그들에게서 나오는 특별한 에너지가 있다. 차를 타면 절대로 느낄 수 없는 것들이다.

재작년 파리 여행 때의 일이다. 그날도 어김없이 걸어서 숙소로 돌아오는 길에, 하필이면 휴대폰 배터리가 떨어지는 바람에 구글맵을 볼 수 없었다. 다행히 호텔에서 받은 종이 지도와 내 기억을 최대한 되살려 길을 엄청 헤매고 난 후에 겨우 숙소로 돌아왔다.

길을 잃은 이후로 한 가지 버릇이 생겼다. 무조건 여행지 첫 도착 날에는 숙소 주위를 걷거나, 그 도시의 주요 관광지를 도는 버스를 타고 전체 도시를 돌아본다. 전체적인 여행지 분위기를 파악하고 나만의 지도를 만드는 것이다. 그곳에는 나만의 지도 기호가 있다. 나는 지금 어디쯤에 있으며, 내가 가고 싶은 곳이 어디며, 그곳에 가기 위한 방법들을 먼저 그려본다.

나만의 지도를 만든 후에 버스를 타면 이미 나보다 여행을 먼저 온 사람들의 대화에서 예상치 못한 고급 정보를 듣는 행운을 얻을 때도 있다. 예를 들어 가려고 했던 박물관이 공사 중이어서 오늘은 개관을 안 한다는 정보 같은 것 말이다. 그런 정보를 들으면, 나는 헛수고를 줄이고 좀 더 효율적으로 다음 여행 계획에 반영하여 내 지도를 수정한다. 이렇게 여행지에서 나만의 지도를 만드는 것은 흡사 내가 앞으로 살아갈 인생에 대한 나만의 로드맵을 만드는 것과 같다.

여행을 많이 해본 사람이 지도를 잘 읽고 잘 만들 수 있는 것처럼, 잘 만들어진 인생 지도는 나를 바른길로 안내하는 나침반 역할을 할 것이다. 거기에는 분명 목적지가 있을 것이고, 목적지로 나를 안내해줄 여러 갈래의 길이 있을 것이며, 그 중간에는 우리가 전혀 예상치 못한 우여곡절이나 행운도 기다리고 있을 것이다. 그럼에도 불구하고, 내 지도가 있는 한 기꺼이 중심을 잡고 잘 헤쳐나갈 수 있을 것이다.

여행은 '진짜' 나를 알려주는 과정

아무리 혼자 다니는 게 익숙하다고 하지만 혼자 하는 여행에서 분명 외로운 순간이 있다. 애초에 혼자 여행을 한다고 마음먹은 것 자체가 자기 자신을 고독으로 밀어 넣고 외로움과 맞설 각오를 다진다는 의미이기도 하기 때문이다. 고독을 견디기 힘들 때도 있겠지만, 다른 한편으로는 그 고독의 시간 동안 자신이 어디에 있는지, 어디로 가려고 하는지 되묻는 자아성찰의 시간을 가질 수 있다. 끝없는 자신과의 만남 없이는 진정한 나를 알 수 없다. 그래서 여행만큼 어느 누구에게도 방해받지 않고 객관적으로 오롯이 자기성찰을 할 수 있는 좋은 기회도 없다.

빌 게이츠(Bill Gates)도 1년에 한두 차례는 일주일 동안 자기 별장으로 가서 '생각 주간(Think Week)'을 가지며, 그 시간 동안에 마이크로소프트의 미래 전략 및 아이디어에 대한 연구에 몰두한다고 한다. 스스로 자신을 고립시켜 생각하며 새로운 관점을 가지는 시간을 가지는 것이다.

나도 작년 초에 생각 정리 시간이 필요해서 프라하로 여행을 갔다. 웬만하면 도보로 돌아다닐 수 있는 작은 도시를 원한 데다, 주변 경치가 좋아서 여유 없는 마음에 안식을 줄 수 있는 최적의 장소라고 생각했기 때문이다. 예쁜 경치를 보며 하염없이 걷고, 혼자 재즈 공연도 보고, 카를교에서 사색도 즐기면서, 내 안에 존재하는 몇 명의 자아를 만났는지 모른다. 한 인간으로서의 나, 여자로서의 나, 토익 강사로서의 나, 가족 일원으로서의 나, 미래의 나 말이다.

심적으로 힘들 때 생각을 정리하려고 갔던 여행지여서 그런지, 첫날은 이유 없이 눈물만 흘렸다. 아직도 나는 그 이유를 잘 모른다. 아무도 모르는 낯선 곳에서는 내가 한국에서 겪었던 힘들었던 모든 것들을 다 받아줄 것만 같은 느낌이 들어서 울었는지도 모르겠다. 울면서 내 안의 알 수 없었던 응어리를 훌훌 털어버리고 나니 홀가분해졌다. 비워야 채워진다는 말처럼, 여행하는 내내 힘들었던 감정을 서서히 하나씩 내려놓았다.

마지막 돌아오는 날 아침에 바깥 경치를 보며 여정을 되새기며 조식을 먹고 있는데, 갑자기 옆에 있던 백인 여자가 나에게 말을 건넸다. 나는 의심의 눈초리로 '무슨 말을 하려고 하는 거지?' 하며 그녀를 쳐다봤다. 그도 그럴 것이 사실 그 이전 유럽 여행에서 친절한 척하며 다가온 여자가 있었는데, 다름 아닌 소매치기였던 것이다. 그 이후로 나는 낯선 이가 다가오면 괜스레 경계를 하게 되었다.

그 여자의 말은 간단했다.

"오늘 날씨가 너무 좋네요. 좋은 하루 보내세요(Beautiful weather today. Have a wonderful day)."

일면식도 없는 그녀는 그냥 누군가와 좋은 날씨를 공유하고 싶었던 것이다. 낯선 이가 건넨 따뜻한 말에 방어적인 태도로 대했던 나 자신이 부끄러웠다. 난 왜 저런 여유가 없었을까? 그날 프라하 여행을 마무리하면서, 여유 없어 힘들고 슬펐던 나를 그곳 프라하에 남겨두고, 앞으로 삶의 여유를 가지며 계속 도전할 나를 데리고 한국으로 돌아왔다.

앞으로 도전을 하든 안 하든 내 인생은 내가 살아내야 한다. 수없이 도전하는 과정에서 역경이 닥칠 것이며, 분명 나는 그 역경을 홀로 고독하게 이겨나가야 한다. 1년에 한 번쯤은 조용한 곳, 혹은 아주 낯선 곳으로 여행을 떠나보는 것도 좋다. 그래야 진정한 내가 보인다. 아무도 모르는 낯선 곳에서 지금까지와는 달랐던 나를 만나거나 처절한 상황에서 내 안의 나를 만나게 된다. 그 만남을 두려워하면 정말 더 처절한 상태에서 나를 만날지도 모른다. 끊임없이 나 자신에 대해 생각하고 부단히 고민해야 한다. 그 작은 시작이 여행이었으면 좋겠다.

"Bon Voyage(여행 잘 다녀오세요)!"

제대로 놀아야 성공한다

한 달이란 시간이 주어진다면 어떻게 놀고 싶은가?

어렸을 때는 누구나 매일 노는 것을 소망한다. 내 소원 중 하나도 '매일매일 노는 것'이었다. 어른이 되면 내 마음대로 놀 수 있을 거라고 여겼다. 하지만 어른이 된 지금 우리는 어떤가? 누가 놀지 못하게 하는 것도 아닌데도 마음껏 놀지 못한다. 일해서 돈도 벌어야 하고, 가족도 부양해야 하며, 노후 준비도 해야 하는 현실적인 문제가 있기 때문이다. 노는 것을 죄악시하는 사회적 분위기가 있는 것도 사실이다.

노는 것에 대한 죄책감 때문인지 우리는 꼭 조건을 붙인다.

어렸을 때는 '어른이 되면 놀아야지', 어른이 된 지금은 '돈을 많이 벌면 혹은 시간이 생기면 그때 맘껏 놀아야지'라고 생각한다. 우리의 행복을 미래가 보장한다는 명목 아래 유예하는 경향이 있다.

정작 그 미래가 왔을 때 잘 놀 수 있을까? 그렇게나 바라던 어른이 되었건만 사실 잘 놀지 못한다. 설사 앞으로 돈을 많이 벌고 시간이 많이 생긴다 하더라도 상황이 그리 달라지지는 않을 것이다. 지금 놀 줄 모르면, 앞으로도 잘 놀 수 있다고 보장할 수 없다. 사실 우리가 잘 놀지 못하는 이유는 알고 보면 노는 방법을 모르기 때문이다. 여태까지 아무도 나에게 노는 방법을 알려주지 않았으니까 말이다.

요즘 '워라밸(Work & Life Balance, 일과 삶의 균형)'이라 하여, 예전보다는 삶의 여가시간을 중요시하는 경향이 강해졌지만, 코로나 바이러스 사태로 인해 우리는 오히려 예상보다 더 일찍 '노는 것'에 대한 고민에 맞닥뜨리게 되었다.

코로나 바이러스로 인해 사회가 전체적으로 자발적 격리에 돌입하면서, 나도 일주일 동안 자발적 격리에 동참을 하게 되었다. 누군가에게는 그 일주일이 재충전의 시기일 수도 있겠지만, 내가 원해서 쉬는 자발적인 쉼과는 다른 쉼이었다.

하루 이틀 정도는 그냥 아무것도 안 하고 쉴 수 있겠지만, 코로나 사태가 장기화되면서 어떻게 하면 시간을 잘 보내야 하는

지, 무엇을 하면서 놀지에 대한 '노는 효율성'이란 숙제가 우리에게 던져졌다. 자가 격리 때는 집에서 할 수 있는 일들이 매우 제한적이어서, 부자유가 주는 무한한 고통을 겪어야 했다. 그래서 '노는 것'에 대한 정의를 다시 할 필요가 생겼다.

어떻게 놀아야 행복한지 알아가는 과정도 하나의 도전이다

작년에 나에게는 자발적 공백기가 있었다. 나는 이 기간 동안 푹 쉬면서 잘 놀 생각이었는데, 생각처럼 잘 안 됐다. 일을 그만두면 더 즐거울 줄 알았다. 온종일 시간이 있으니까 뭐든지 다 해낼 수 있을 거라고 생각했다. 그런데 오히려 시간이 많을수록, 자유로울수록 노는 게 나에게는 힘든 '도전'임을 깨달았다.

아무것도 하지 않는 것은 곧 인생의 낭비라고 늘 생각했던 터라 더더욱 힘들었다. 뭐라도 하고 싶었다. 쉬는 동안 '후회 없이 놀았노라'라고 할 수 있을 정도로 말이다. 하지만 놀기는커녕 내 마음 한편에선 일에 대한 걱정과 미래에 대한 고민이 가득 채워졌다.

거의 15년간 강사 생활을 하면서 주말도 잊은 채 매일 일만 해왔던 워커홀릭이었지만, 내 나름대로 그 워커홀릭 삶 속에서

워라밸을 추구하려고 애써왔고, 그렇게 해왔다고 자부하며 살아왔다. 하지만 정말 '노는 것'에만 집중할 수 있는 시간이 주어졌는데도, 정작 어떻게 해야 할 바를 모르는 나 자신을 보며, '여태까지 내가 나를 너무 모르고 있었구나!'라는 사실을 깨달았다. 내가 어떤 것을 할 때 재미있어하고 행복감을 느끼는지조차 모르고 살았던 것이다.

나에게 '노는 것'이란 마치 일과 같아서, 꼭 목표를 세우고 무엇을 하고 어디를 가야 하는 성취의 개념이었다. 때로는 놀 때도 스트레스를 받았다. 완벽하게 잘 놀아야 한다는 강박관념이 있었다. 하지만 '노는 것'이란 지루한 생각이 들지 않고 재미있는 것이면 된다. 즉, 행복함을 느끼면 되는 것이다.

꼭 뭔가를 해야 노는 것이 아니다. 소파에 앉아 멍하니 생각에 잠겨 아무것도 안 하고 시간을 보내며 노는 것도 큰 의미가 있는 것이다. 그렇게 생각을 하다 보니, '노는 것'에 대한 관점이 서서히 달라지기 시작했다. 특히 나처럼 아무것도 하지 않는 것이 비생산적인 일이라고 생각하는 워커홀릭들은 하루 정도 일을 내려놓고 '아무것도 안 해보기'에 도전해보는 것이 반드시 필요하다.

처음에는 마음속에서 저항할 수도 있겠지만, 인생에는 쉼표가 필요하다. 우리가 일을 하듯이, 노는 것도 평생 함께해야 하는 것이기 때문이다. 그래서 나는 나에게 시간을 주기로 했다.

| 내가 좋아하는 것 |

1. 계획 세우기
2. 새로운 것에 도전해보기
3. 새벽 운동하기
4. 책 읽기
5. 사색 즐기기
6. 친구와 만나서 수다 떨기
7. 여행하기
…… 등등

며칠 동안 내 마음이 가는 대로 해봤다. 하루 종일 아무것도 안 하고 누워만 있기도 했고, 영화만 하루 종일 본 적도 있다. 그렇게 시간을 보내다가 '나는 무엇을 할 때 가장 행복하지?'라는 생각에까지 이르게 되었다. 그때부터 하나씩 내가 뭘 좋아하고 어떨 때 행복해하는지를 하나씩 적기 시작했다.

종이에 직접 적어보면서 단순하게 노는 생각을 떠나 내가 어떤 행동을 하면 행복감을 느끼는지 파악하는 동시에 나를 알아가고 나 자신을 만나는 과정 그 자체가 나에게는 큰 수확이었다.

나만의 노는 매뉴얼을 만들어라

한 학생이 나에게 물었다.

"선생님은 취미가 뭐예요?"

"글쎄…… 뭐라고 해야 하지? 독서, 운동, 영화감상?"

나는 대답을 하고도 멋쩍었다. 뭔가 남들이 듣기에 거창한 취미를 말하고 싶었지만, 막상 말을 하려니 말문이 막혔다. 나는 나 자신에 대해서 얼마나 많은 것을 알고 있을까? 내가 무엇을 할 때 행복한지는 어렴풋이 알았는데, 그다음으로 '나는 무엇을 하고 싶은가?'라는 질문을 통해 나 자신에게 앞으로 행복할 기회를 더 주고 싶었다. 그래서 나만의 노는 매뉴얼을 만들었다.

내가 그동안 어떻게 놀았는지 정리해봤다. 서울 둘레길 걷기, 바리스타 자격증 따기, 스페인에서 라틴댄스 배우기, 한 달 동안 발리에서 살아보기, 명리학 공부하기, 가죽공예 배우기, 내가 디자인한 옷과 가방 만들기, 집짓기, 사진과 그림 전시회 열기, 글쓰기 등이었다. 이렇게 써놓고 보니, 나는 새로운 것에 도전하고 배우는 것에서 행복과 즐거움을 느끼는 타입이었다.

노는 것이 단순하게 즐거움으로 끝나는 것이 아니라 자격증을 따고 취미에서 더 나아가 직업으로 이어진다면 금상첨화다. 이 세상에서 제일 행복한 사람은 취미를 자기 직업으로 하는 사람일 것이다.

나는 노후에 진짜 성공한 사람은 명예가 있는 사람도 부자도 아니라, 자기 자신이 언제 행복하고 무엇을 할 때 행복한지 '나만의 나 사용법'을 알고 있는 사람이라고 생각한다. 수십 개의 취미가 있는 사람, 그 취미가 업이 되어 행복하게 놀면서 일할 수 있는 사람이 결국 성공한 사람이다. 일만 할 줄 알고 정작 놀 줄 모르는 사람은 불행한 사람이다. 우리는 늘 일만 하고 살 순 없다. 코로나가 우리에게 갑자기 찾아온 지금처럼 일만 할 수 없는 상황이 올 수도 있기 때문이다.

앞으로 일을 잘하는 것만큼이나 얼마나 잘 노느냐가 그 사람을 규정하는 시대가 올 것이다. 오늘부터라도 자기가 무엇을 하면서 노는 것을 좋아하는지 하루에 한 가지씩이라도 생각해서 실천해보자. 노는 것도 도전이다. 어떻게 놀 때 행복한지를 파악하는 것이 우리가 계속 살아가면서 평생 해야 할 과제일지 모른다.

잘할 수 있는 일과 좋아하는 일을 구분하라

내가 뭘 하고 싶고 뭘 좋아하고 뭘 잘하는지 모르겠어요

호모 헌드레드(Homo-hundred, 평균적으로 백 살에 가깝게 사는 인간) 시대, 즉 100세 시대로 접어들었다. 평생 하나의 직업으로 살아가는 시대는 끝나고, 적어도 우리는 일평생 두세 개 이상의 직업을 갖게 될 것이다. 앞으로 평생직장의 개념도 평생직업의 개념도 없이 여러 개의 직업을 그것도 시간과 공간을 달리해서 갖게 되기 때문에, 일에 대한 자신만의 철학과 전략을 가져야 한다.

만약 하고 싶고 좋아하는 일과 잘할 수 있는 일 중에 무엇을 선택할지 모르는 기로에 서 있다면, 일단 그 자체로 행운이다.

"선생님, 저는 제가 뭘 하고 싶고, 뭘 좋아하고, 뭘 잘하는지 모르겠어요."

학생들에게서 가장 많이 듣는 이야기다. 이러한 문제는 비단 취업을 준비하는 20대만의 문제는 아니다. 직장을 다니거나 지금 퇴사를 준비하는 사람들도 제2의 인생을 준비할 때 반드시 이 문제에 대해 자문해봐야 한다.

우리 아버지 세대들은 이러한 것을 따질 겨를도 없이 취업을 하고, 가족 부양의 이유로 자기의 성향과 적성과는 상관없이 계속 일하다가 정년퇴직이나 명예퇴직을 맞이했다. 요즘 세대들은 수많은 정보를 통해 여러 다른 일을 하는 사람들의 삶을 간접적으로 알 수 있다. 예컨대 유튜브 채널만 보더라도 각 직업군의 사람들이 일상생활을 담은 브이로그를 통해서 자신들의 삶을 공유하고 있다.

예전과 비교할 수 없이 좋은 환경과 기회가 있음에도 불구하고 자기가 가야 할 길을 선택하는 것은 여전히 쉽지 않다. 내가 하고 싶고 내가 좋아하는 일이 무엇인지, 내가 잘할 수 있는 것이 무엇인지 파악하기 위해서는 나 자신을 아는 것부터 시작해야 한다. 내 인생의 커리어를 선택할 때 타인의 계획에 휘둘려 따라가지 않으려면 자꾸 자신에 대해 고민하고 성찰하는 시간이 필요하다.

'자기효능감'을 통해 내가 잘할 수 있는 일을 하자

내가 잘할 수 있는 일을 선택하는 문제에서 가장 중요한 부분은 '자기효능감'이다. 자기효능감이란 스스로 어떤 일을 할 때 잘해낼 수 있다는 믿음과 기대를 말한다. 누구에게나 남들이 가지지 못한 특별한 재능이나 강점은 반드시 있다. 이 강점을 키우는 것이 내가 잘할 수 있는 일을 찾는 데 첫 번째 단계다. 물론 자기효능감은 생각한다고 해서 생겨나는 것이 아니다. 무엇을 잘할 수 있고, 내가 어떨 때 자기효능감을 느끼는지 직접 많이 경험하고 도전해봐야 한다. 여러 차례 작은 시도와 도전에서 나온 경험과 작은 승리가 반복되면 나의 강점이 부각되면서 자기효능감도 찾을 수 있다.

직접적인 경험과 도전을 통해 '어, 내가 이런 것도 잘하네' 하며 몰랐던 나 자신을 알아갈 수 있다. "○○ 씨, 아르바이트 시작한 지 얼마 안 되었는데 일을 금방 배우네요"라는 타인의 칭찬이나 인정을 받으면, 평소에 내가 몰랐던 나 자신을 알게 되는 기회와 자신감을 얻을 수 있게 된다. 따라서 적어도 나 자신에게 뭘 잘할 수 있는지 도전할 수 있는 기회 정도는 줘야 한다.

한 가지 조심해야 할 점은 단순히 '○○가 되고 싶어 하고 싶은 일'과 '잘할 수 있는 일'을 잘 구별해야 한다는 것이다. 나의 경우도 '호텔리어'나 '국제회의 전문가'가 되고 싶어서 유학을 갔지만, 정작 현장에 투입되어 일을 해보니 그 직업은 내가 되고 싶었던 일이지, 내가 잘할 수 있는 일이 아니라는 것을 깨달았다.

흔히들 내가 되고 싶은 분야의 일을 하는 것이 내가 좋아하고 잘할 수 있는 일이라고 착각할 수 있다. 그리고 그런 일들은 내가 정작 원하는 것이라기보다 대개 남들이 부러워하거나 부모님이나 주위의 기대에 부응해서 하는 경우가 많다.

행복하려면 내가 좋아하는 일을 하자

어떻게 보면 내가 잘할 수 있는 일을 찾는 것보다 좋아하는 일을 찾는 데 더 많은 노력과 도전이 필요할지 모른다. 내가 잘할 수 있는 일들은 주위의 칭찬이나 인정으로 아는 경우가 종종 있지만 내가 좋아하는 일은 오로지 나만 알 수 있기 때문이다.

좋아하는 일을 찾는 것은 마치 맛집을 찾아다니는 것과 같다. 어느 음식이 자기가 좋아하는지 알아보려면, 과감하게 젓가락을 대보고 이 음식 저 음식 부지런히 먹어봐야 한다. 그런 과정 속에서 내가 좋아하는 것이 무엇인지 비로소 알게 된다.

내가 즐겨보는 유튜브 채널 중에 여러 가지 직업군의 사람들을 인터뷰하는 〈까레라이스TV〉가 있다. 그 채널에 부잣집 외동아들인 서울대 출신 교도관이 나온 적이 있다. 그는 외동아들이어서 부모님이 어렸을 때부터 애지중지 키웠다고 한다. 초등학교 3학년 때 주위의 한 친구가 신문을 돌리는 일을 하는 것을 보고, 자기도 독립적으로 돈을 벌고 싶어서 하려 했지만 부모님의 반대가 컸다. 그 이후도 상황은 달라지지 않아서 심지어 대학교 때도 부모님의 반대로 과외 아르바이트를 비롯해 소소한 아르바이트조차 할 수 없었다. 자기 혼자서 독립적으로 결정할 수 있는 게 없다는 것을 깨닫고, 결국 심한 우울증과 은둔형 외톨이로 20~30대를 보냈다.

그렇게 세상과 단절되어 사는 중에 지인의 소개로 우연히 편의점 아르바이트를 시작했다. 그의 나이 서른여섯 살이었다. 그의 첫 직장인 셈이었다. 거기에서 그는 열심히 일하고 땀 흘리면서 일하는 것에 행복을 느꼈다. 그 이후 공무원 시험을 봐서 교도관으로 일을 하게 되었다. 같이 공부한 동기들은 사법시험을 통과하거나 좋은 직업을 가졌지만, 본인은 교도관 일을 하면서 만족하고 있다고 한다.

물론 좋아하는 일을 선택할 때 고려해야 할 것이 있다. 노력한 만큼의 보상과 결과가 나오지 않으면 마음이 변할 수 있다는 것이다. 일을 선택하는 여러 가지 이유 중 하나인 생계가 해결되지 않는다면, 좋아하는 일만 하며 살 수 없기 때문이다. 그런 점에서 어떻게 보면 막상 좋아하는 일을 선택할 엄두가 나지 않을

지도 모른다.

엄두가 나지 않더라도 좋아하는 일이라면 시도해봐도 좋다. “좋아하는 일을 여러 번 하면 그것을 잘할 가능성이 커질 수 있다”라는 다음소프트의 송길영 부사장의 말처럼, 좋아하는 일을 통해 얻게 되는 행복감과 기쁨은 앞으로 일을 더 잘할 수 있게 하는 원동력이 될 수 있기 때문이다.

나는 성공을 지향하는가?
행복을 지향하는가?

사람마다 인생을 보는 기준은 다르다. 어떤 이들은 외부로 보이는 성취, 부, 명성 등을 통해서 성공을 거두는 것을 중요하게 생각하고, 어떤 이들은 내부적인 자기만족과 행복 등 개인적인 성장에 의의를 둔다. 전자의 경우는 ‘내가 잘할 수 있는 일’을 택해서 거기에서 얻는 성취나 타인들의 인정을 통해 삶의 행복을 얻는 것이 좋으며, 후자의 경우는 ‘좋아하는 일을 선택’하는 것이 더 좋다.

내가 잘할 수 있는 일이 좋아하는 일이라면 금상첨화겠지만, 대부분의 경우에 둘 다 가질 수는 없다. 하지만 100세를 살 수 있는 지금의 시대에 우리는 둘 다 취할 수 있는 기회가 있다. 오래 살기에 잘하는 일을 하면서 그 일을 좋아할 수 있고, 좋아하는 일을 하다 보면 잘할 수 있게 되는 것이다.

그렇다면 인생의 초반기에는 내가 잘할 수 있는 일을 중점으로 성공을 맛보고, 인생의 후반기에는 내가 좋아하는 일을 하면서 만족하는 삶을 살면 어떨까? 우리는 성공과 만족이라는 두 마리 토끼를 동시에 잡고 싶기 때문에 힘이 드는 것이다. 인생에서는 2가지를 모두 가질 수 없다. 그렇다면 절충안을 택하는 것도 현명한 방법이다.

미러클 감사일기

어느 날 찾아온 번아웃

내게 번아웃의 조짐이 보이기 시작한 것은 2년 전쯤이었던 것 같다. 모든 일이 원하는 대로 척척 잘 풀리고 있었지만, 정말 부끄럽게도 당시 나는 만족할 줄 몰랐다. 항상 불만에 가득 차서 불평을 늘어놓고 짜증내기에 바빴다.

강의 이후에 찾아오는 공허함이나 우울함은 그냥 강의하면서 가끔씩 찾아오는 감정이겠거니 하고 대수롭지 않게 넘어갔다. 매번 그럴 때마다 '난 지금 너무 바빠. 그래서 이런 쓸데없는 감정에 소비할 시간이 없어'라고 스스로를 다그치며 계속 강의를 했다. 그런 감정은 '사치'라고 생각하며 안 좋은 감정이 스멀스멀 올라올 때마다 마음이 허해서 그렇다고 생각했다. 근본적인 이유를 찾기보다 그 허한 공간을 해결하기 위해 애꿎은 소비를 할 뿐이었다.

그러던 어느 날, 강의 도중에 갑자기 아무 이유 없이 눈물이 쏟아졌다.

'나는 지금 무엇을 위해 달려가고 있으며, 내 삶의 의미는 무엇인가?'

강의만 하는 나 자신이 가엾게 느껴졌다. 인생의 길을 잃은 기분이 들었다. 터질 게 터진 것이었다.

그때 내 안의 누군가가 나에게 경고를 하는 듯했다.

'이번이 마지막이야. 지금 날 제대로 돌봐주지 않으면 난 널 영원히 떠날 거야.'

그건 내가 오랫동안 마주하고 싶지 않고 '외면했던 나'의 목소리였다. 이번에도 외면하면 영원히 나 자신을 잃어버릴 것 같은 공포가 엄습해 고심 끝에 학원에 휴식이 필요하다고 말했다.

사실 온·오프라인 강의와 책 출판뿐만 아니라 벌여놓은 일도 많았고 한창 강의가 잘되고 있어서 학원과 주위 사람들은 이런 나의 결정에 놀랐다.

나를 늘 밝고 힘차게 강의를 진행하는 사람으로 생각했기 때문에 더욱 놀라는 사람들이 많았다. 내 강의 매출을 고려하면 학원 입장에서 정말 쉽지 않은 결정임에도 불구하고 내 의견을 존중해줬다. 그렇게 해서 2개월간의 휴식이 시작되었다.

Think하라,
그럼 Thank하게 된다

쉬는 내내 마음을 치유하는 데만 집중해서 관련 도서들을 닥치는 대로 읽었다. 여러 책을 읽다 보니, 내 우울함의 원인이 '자기와의 대화 부재'라는 결론에 이르게 되었다.

어떻게 보면 바쁘다는 핑계로 비겁하게 내 솔직한 감정과 마주하기 싫어해서 자꾸 외면하고 회피했는지도 모른다. 두려웠지만 더 이상 물러설 수 없었다.

그 문제를 해결하기 위해 과감하게 도전하기로 했다. '내 안의 나'를 만나보기로 결정한 것이다. 그동안 읽은 책들에서는 한결같이 이 상황을 극복할 수 있는 방법으로 '감사일기'를 쓰라고 했다. 감사일기를 쓰기 시작하면서, 나는 여태까지 썼던 내 일기가 얼마나 잘못되었는지를 깨닫게 되었다.

내가 여태까지 썼던 일기는 온통 나에 대한 원망과 후회, 불평불만으로 가득 차 있었다. 늘 최고여야 한다는 강박관념과 일에 대한 완벽함 추구 그리고 직업 특성상 어쩔 수 없이 끊임없이 경쟁하며 남들과의 비교는 물론이거니와, 늘 학생으로부터 매달 평가당해온 것이 고스란히 반영되어 있었다.

그리고 일 때문에 사랑하는 가족들과의 중요한 행사와 주위 친구들과 같은 소중한 사람들을 챙길 여력이 없었던 것들이 한꺼번에 몰려와 결국 '불행'이라는 이름으로 나를 벼랑 끝으로 내몰고 있었던 것이다.

그때부터 내 안의 나를 생각(think)하고 관찰하며 내 안의 목소리에 귀 기울이며 내가 느끼는 감정과 생각들을 하나씩 쓰기 시작했다. 감사(thank)의 어원은 사실 생각(think)에서 유래한다. 즉 자기 자신을 생각(think)하면 해볼수록, 자신 안에 감사(thank)할 일이 많다는 것이다.

그 결과 '불행하게 홀로 우두커니 서 있는 외로운 나'를 발견했다. 외로운 나 자신을 어떻게 치유할지 궁리해서 처음으로 한 일은 인정이었다. 힘들었지만 내 상황과 나 자신을 있는 그대로 이해하고 인정해주며 감싸 안아줬다.

'네가 많이 힘들었구나. 너무 고생 많았다. 미안해.'

알 수 없는 뜨거운 눈물이 내 뺨을 흘러내렸다. 내게는 누군가의 이런 따뜻한 말 한마디가 필요했던 것이다. 나를 위한 따뜻한 말 한마디가 내 입에서 나오는 순간, 힘들었던 모든 것들이 눈 녹듯 사라지는 듯했다.

왜 입 밖으로 내뱉기까지 이렇게 힘들었을까?

그다음 단계로, 나에게 주어진 것들에 대해 감사하기 시작했다. 감사한다고 해서 갑자기 내 주위의 환경이 바뀌는 것은 아니다. 하지만 적어도 세상을 대하는 나에 대한 관점이 바뀌기 시작했다. 원망, 후회, 불행이라는 단어가 차츰차츰 '감사'로 바뀌기 시작했다.

일단 나에게 주어진 좋은 조건과 능력들에 대해 감사했고, 점차 내 주위 사람과 환경, 당연한 것들(시간, 일상, 자연 등)로 감사의 영역을 확장시켰다. 주위에 감사할 것들이 너무 많은데 왜 나는 여태까지 모르고 당연히 여기고 살았을까를 생각하며, 예전에 허했던 부분이 서서히 채워지며 내 삶이 충만해지는 느낌이 들었다.

사실 너무나 힘들 때는 타인들에게 받는 '위로'에 지칠 때가 있다. 하지만 감사일기를 쓰면서 내가 나 스스로에게 했던 '격려와 감사'는 이 세상의 어느 '위로'보다 최고의 칭찬으로 다가왔다. 결국 세상을 바라보는 관점이 중요하며, 그 변화의 출발점도 나 자신이고, 해답도 나 자신에게 있었던 것이다.

Thank You Letter의 놀라운 힘

사실 내가 '감사'의 효과를 느낀 것은 이번이 처음은 아니다. 미국 유학 생활 중 수도 없이 많은 곳에 이력서를 내고 취업 면접을 봤다.

한국인 유학생이 미국에 취업한다는 것은 어떻게 보면 계란으로 바위 치기일지도 모른다. 끊임없이 무모한 도전을 하던 중에 어쩌다 서류전형에서 통과되고 면접의 기회가 주어지는 날이면, 나는 담당자 명함을 꼭 받아뒀다가 면접이 끝나자마자 바로 'Thank You Letter(감사편지)'를 썼다. 오늘 면접을 떠올리며, 면접관의 이름과 함께 짧게나마 배웠던 점과 느꼈던 점을 쓰고 얼마나 이 자리가 나에게 절실한지를 강조했다.

지성이면 감천이라고 나의 진심이 통했는지 감사하게도 몇 곳에서 합격 통지를 받아 운 좋게도 라스베이거스에서 그 유명한 MGM 계열의 호텔에 취업을 했다. 나중에 인사부장에게 미국인 학생들도 많은데 왜 나를 뽑았냐고 물어봤더니, 나의 'Thank You Letter'에 담긴 마음이 예쁘고 너무 절실하고 인상적이어서 뽑았노라고 했다.

그렇다면 감사의 일기는 어떻게 쓸까? 양경윤 저자의 《한 줄의 기적, 감사일기》(쌤앤파커스, 2014)에 나오는 7가지 원칙을 살펴보자.

1. 한 줄이라도 좋으니 매일 써라.

2. 주변의 모든 일을 감사하라.

3. 무엇이 왜 감사한지를 구체적으로 작성하라.

4. 긍정문으로 써라.

5. '때문에'가 아니라 '덕분에'로 써라.

6. 감사요청일기는 현재시제로 작성하라.

7. 모든 문장은 '감사합니다'로 마무리하라.

감사일기는 저녁보다는 아침에 쓰는 것이 좋다고 한다. 아침에 잠에서 깨서 30분을 어떻게 활용해 하루를 시작하는지에 따라 나머지 시간에 영향을 미친다.

나의 뇌로 하여금 감사할 일들을 생각하여 찾게 하는 과정에서 행복과 긍정적인 마인드로 인해 하루가 충만해질 수 있기 때문이다. 문장으로 정리된 감사일기는 우리가 생각하는 것보다 훨씬 더 큰 힘을 발휘해서 인생에 영향을 미친다.

세상을 보는 관점을 바꾼 감사일기

토크쇼의 여왕이라 불리는 오프라 윈프리(Oprah Winfrey)는 25년간 5,000회 진행하여, 낮 시간대

TV 토크쇼 시청률 1위를 고수해왔다.

남부럽지 않을 것만 같은 그녀에게도 큰 아픔이 있었다. 사생아로 태어나 아홉 살 때 사촌에게 성폭행을 당하고 마약에 빠지는 등 불우한 어린 시절을 보냈다. 유명한 미국 방송인으로 성공하기까지의 그녀만의 비결은 바로 '감사일기'였다.

자신의 저서 《내가 확실히 아는 것들》(북하우스, 2014)에서 그녀는 감사하는 마음가짐을 강조했다.

> 항상 감사한 마음을 가지기는 쉽지 않다. 하지만 당신이 가장 덜 감사할 때가 바로 감사함이 가져다줄 선물을 가장 필요로 할 때다. 감사하게 되면 내가 처한 상황을 객관적으로 멀리서 바라보게 된다. 그뿐만 아니라 어떤 상황이라도 바꿀 수 있다. 감사한 마음을 가지면 당신의 주파수가 변하고 부정적 에너지가 긍정적 에너지로 바뀐다. 감사하는 것이야말로 당신의 일상을 바꿀 수 있는 가장 빠르고 쉬우면 강력한 방법이라고 나는 확신한다.

감사한 일이 있을 때 '감사합니다(Thank you)'라는 말이 자동적으로 입 밖으로 나온다.

하지만 관건은 그 반대의 상황에서도 할 수 있느냐는 것이다. 내 인생의 위기가 찾아왔을 때 썼던 '감사일기'를 통해 나 자신을 바라보는 관점과 세상을 보는 나의 관점이 바뀌었다. 결국 모든 것이 내 마음에 달려 있다는 것을 깨달았다. 지금 힘들다면 감사 일기에 도전해보자. 사소하게 감사했던 것을 꾸준히 하다 보면 내 마음이 행복하고 풍요로워짐을 느낄 수 있을 것이다. 직접 해본 사람으로서 보장한다.

행복은 현재시제로 느껴라

쓰레기의 저주

MBC 프로그램 〈실화탐사대〉의 '쓰레기와의 기막힌 동거' 편에 쓰레기와 같이 사는 젊은 사람의 집이 소개된 적 있다. 사연의 주인공들은 겉으로 봐서 평범한 20~30대 청년들이었다. 전문가는 이들이 청소하는 법을 학습하지 못한 탓이라고 진단했지만, 내 눈에는 그들이 내면에서 마음의 병을 앓고 있는 것 같아 가슴이 많이 아팠다.

그중 한 명은 부모님과 살다 혼자 살게 되었는데 원래는 청결과 위생에 대한 관념이 철저했다고 한다. 이혼한 언니가 극심한 우울증을 겪은 이후 식구들 모두 청소할 힘조차 없을 정도로 무기력하게 살아왔다고 한다. 머릿속으로는 치워야지 생각하지만 몸이 전혀 움직여지지 않는 상태로 지내다 보니 쓰레기 더미에서 살게 된 것이다.

그녀는 취재진에게 쓰레기의 저주에 걸린 것처럼 몸을 움직일 수 없었다고 했다. '스스로를 쓰레기의 일부'라고 여기며, "쓰레기들을 싹 다 태우고 자신도 함께 사라지고 싶다"고 말할 때는 내 마음도 덩달아 무거워졌다. 다행히 청소업체에서 장장 6시간 만에 정리를 하고 집이 개끗해지자, 주인공은 그 광경을 보고는 울음을 터트렸다. "하루면 치우는 것을 왜 그동안 못 치우고 그 긴 시간 동안 집도 방치하고 나도 방치하면서 시간을 흘려보냈을까?"라고 말하는 대목에선 나 또한 눈물이 났다.

자기 자신을 사랑하고 소중히 대했다면 저렇게 쓰레기 더미에서 살지도 않았을 텐데 정말 마음의 병이 무섭긴 무섭다는 생각을 다시 한 번 하게 되었다. 중요한 것은 포기하지 않는 마음이다. 포기하지 않으면 언젠가는 자신이 원하는 곳에 다다르게 되어 있다.

자존감은 언제 낮아질까?

그 프로그램 주인공의 경우는 쓰레기를 방치하는 극단적인 형태로 표현되었지만, 누구나 한 번씩 이런 시기가 오는 것 같다. 아무것도 하기 싫은 무기력감이 들거나 내가 쓸모없는 사람처럼 느껴져 나 자신이 싫어지는 순간, 즉 자존감이 낮아지는 시기가 있다. 그 시기가 잠시 잠깐 온다면 슬럼프일 수 있겠지만, 계속 지속된다면 인생이 나에게 주는 경고다.

자존감이 낮아지는 이유는 열등감, 이별, 인정받고 싶은 욕망, 상대방에 대한 의존 등 사람마다 다양하다. 내게도 자존감이 낮아진 시기가 있었다. 나의 경우에는 치열한 경쟁시장에서 살아남아야 한다는 업무 부담감으로 인해 번아웃이 찾아왔고, 미래에 대한 불안감, 늘 잘하고 싶었던 완벽주의 성향인 내가 바라는 나의 모습과 실제 나의 모습의 차이에서 나온 괴리감, 사랑하는 사람과의 이별 등 모든 문제가 동시다발적으로 찾아왔다. 그 중심에는 내가 있었고, 그 문제의 원인이 모두 나의 잘못인 것 같았다.

남들은 다 행복해 보였고, 나만 뒤처진 듯한 느낌이 들었다. 그래서 아무것도 하기 싫어 무기력해지고 하루 종일 잠만 자고 싶고, 이 세상에 나 혼자만 있다는 외톨이가 된 느낌이 들었다.

그런 생각에 사로잡히자 나 자신이 미워지면서, 나란 존재가 정말 마음에 들지 않기 시작했다.

내가 제대로 잘 살지 못하고 있는 것 같으니 자꾸 타인을 공격하고 싶어졌다. 남들의 진심 어린 조언이 좋게 들릴 리가 없었다. 거울을 보는 날도 점차 줄어들었다. 내가 여유가 없으니 남들이 잘 사는 것을 인정하고 싶지 않았던 것이다. 일종의 심리적 방어였겠지만, 그런 식으로 자꾸 세상과 멀어져 스스로 자꾸 외톨이가 되었다.

주위에 내가 사랑하는 가족과 친구들, 나를 믿고 찾아오는 학생들로 늘 둘러싸여 있었지만 나는 무척 외로웠다. 외로워서 누군가가 필요하지만 그 누군가가 다가올 때는 정작 마음의 문을 열지 못하고 곁을 주지 않는 아이러니한 상황까지 갔다.

그에 대해 혜민 스님은 《고요하면 밝아지는 것들》(수오서재, 2018)에서 외로움의 근본적인 원인은 혼자이기 때문이 아니라, 내가 행복해지려면 다른 누군가가 꼭 있어야 한다는 생각 때문이라고 했다. '외로움'은 혼자 있지만 누군가가 필요한 상태이며, '홀로 있음'은 혼자지만 혼자 있는 것이 평온한 상태라고 말이다. 즉, 내 마음 상태에 따라 내가 행복하게 느낄 수도 불행하게 느낄 수 있다고 말했다. 나는 '홀로 있음'이 필요했다.

평생을 같이해야 할 친구는 '나'다

자존감이란 내가 나를 어떻게 대하느냐에 대한 태도라고 생각한다. 평생을 함께해야 할 나 자신을 홀대하고 외면할 수는 없다. 나의 자존감을 조금이나마 끌어올리기 위해 나 자신을 행복하게 해주자고 결심했다. 나 자신을 있는 그대로 받아들이고 인정하고, 내가 극복할 수 있는 일을 찾고, 행동에 옮기는 데 노력하기로 했다.

일단 내가 무엇을 좋아하고, 무엇을 할 때 행복하며, 하고 싶은 것은 무엇인지, 내가 지금 소유한 것들을 일일이 목록으로 작성해 '나만의 자존감 높이기 처방전'을 만들기 시작했다. 적어 내려가는 것만으로도 조금씩 행복해졌다. 내가 얼마나 하고 싶은 일이 많은지, 좋아하는 게 많은지 그리고 특히 얼마나 많은 것을 소유하고 있는지를 보면서 정말 나는 운이 좋다는 생각을 했고 모든 것이 감사하게 느껴졌다. 자존감을 올리는 가장 근본적인 방법은 나를 있는 그대로 받아들이고 사랑하는 것이다. 이 과정은 내가 언제 행복한가를 찾아가는 과정이기도 하다.

미래지향적인 나는 늘 앞으로의 일에 집착하다 보니 내가 현재 얼마나 많이 갖고 있는지를 정작 놓치고 살았다. 그런데 내가 가지지 못한 것이 아니라 내가 가지고 있는 것에 대해 집중하다 보니 감사함과 더불어 행복감이 느껴지기 시작했다. 모든 면에서 가진 것이 많았던 몇 년 전보다 지금 나는 솔직히 더 행복하다.

여태까지 나는 무엇을 소유하거나 어디를 가야 행복이라고 생각했다. 늘 전제 조건은 '○○가 있으면 행복할 거야'라고 생각했다. 하지만 진정한 행복이란 내가 어디에 있든 무엇을 하든 '지금 ~에도 불구하고 행복하다'가 아닐까라고 생각한다.

행복은 미래시제가 아니라 현재시제로 서술해야 한다. 내가 원하고자 하는 것을 이뤄가는 것도 나의 자존감을 올리고 행복을 찾는 일이 될 수 있지만, 그렇게 이뤄낸 것을 누리고 즐길 줄 아는 것도 진정한 행복이다. 더 나아가 소유한 것을 즐기는 것에 그치지 않고 남에게 베풀 수 있는 경지에 오른다면 매 순간이 행복으로 충만하게 될 것이다. 그 부분은 앞으로 남은 인생 동안 내가 하고 싶은 부분이기도 하다.

행복을 위한 회복 여행

자존감을 회복하는 일은 분명 쉽지 않다. 자기가 맘에 들지 않는 이유도 결국에 다 '욕심' 때문이다. 남과 자꾸 비교하면서 더 잘되고 싶은 욕심, 상대방보다 낫고 싶다는 욕심 때문에 그 기대치를 충족시키지 못했을 때의 상실감으로 자존감이 낮아지는 일이 생기는 것이다. 남과 비교하지 말자. 남들과 다를 뿐, 우리는 우리 자체로 특별한 존재다.

누군가와 반드시 함께해야 한다는 욕심을 버리니 사실 요즘은 혼자 있는 시간이 그리 두렵지 않다. 물론 함께해서 좋은 일도 있지만 나 혼자 즐길 수 있는 일도 많기 때문이다. '홀로 있음'에 익숙해진 것이다. 홀로 있을 때 즐거움까지 얻을 수 있는 '홀로 있음'을 느끼게 되었다.

지금에서야 담담하게 이야기할 수 있지만 자존감을 회복하는 과정은 하루아침에 되지 않는다. 사실 나는 아직도 내 행복을 위한 자존감 회복 여행을 하는 중이다. 이것은 아마 평생 해야 할 나의 도전들 중 하나가 될 것이다.

확실하게 말할 수 있는 것은 내가 왜 자존감이 낮아졌고, 행복감을 못 느꼈는지에 대해서는 적어도 알고 있기에 이제는 행복해질 일만 남았다는 것이다. 내가 나를 사용하는 방법을 알게 된 것이다. 어떠한 상황이라도 나를 사랑할 수 있는 진정한 내 편은 나라는 것을 잊지 말자.

“We don’t grow when things are easy; we grow when we face challenges(모든 일이 쉽다면 우리는 성장하지 않는다. 도전을 마주해야 비로소 성장한다).”

— 작자 미상

3장

인생을 근사하게 만드는 10가지 도전

시간의 루틴을 만들어라

메멘토 모리, 죽음을 기억하라

토익 시험을 본 사람들은 알 것이다. 시험 종료 15분 전에 방송이 나온다.

"시험 종료 15분 전입니다. 아직 답안지에 마킹을 하지 않으신 분은 마킹해주시기 바랍니다."

문득 궁금해졌다. 왜 20분 전도 아니고 30분 전도 아니고 15분 전이라는 방송이 나올까?

우리에게 미니 프레젠테이션 강연 프로그램인 〈세바시〉로 더 잘 알려진 〈세상을 바꾸는 시간, 15분〉에서도 15분을 언급한다.

이 외에도 우리에게 15분이란 시간은 여러 곳에서 다양하게 쓰인다. 15분은 하루 24시간 중 1퍼센트에 해당하는 시간이다. 무언가를 준비하기에 충분한 시간, 우리의 삶을 한층 더 발전시키기에 충분한 시간, 하루 시간 중 1퍼센트는 마음만 먹으면 누구나 뭔가 할 수 있는 짧은 시간이기에 상징성이 크다.

시간은 사실 누구에게나 공평하게 주어진다. 단지 그 주어진 시간을 잘 관리하는 사람과 그냥 시간에 끌려다니는 사람으로 구분될 뿐이다. 두 경우의 결과는 굳이 설명하지 않아도 충분히 짐작할 수 있을 것이다.

시간과 관련하여 우리나라에 '시간은 금이다'라는 격언이 있다면, 서양에는 라틴어 '메멘토 모리(Memento mori)', 즉 '죽음을 기억하라'라는 말이 있다. 옛날 로마에서는 전쟁에서 승리를 거두고 개선하는 장군이 시가행진을 할 때, 비천한 신분인 노예 한 명을 시켜 행렬 뒤에서 큰 소리로 "메멘토 모리!"를 외치게 했다고 한다. '오늘은 당신이 전쟁에서 승리한 개선장군이지만 언젠가 당신도 죽는다. 그러니 오만하게 우쭐대지 말고 겸손하게 행동하라'는 경고의 의미로 죽음을 기억하며 말이다. 즉 삶이란 시간은 유한하니 가치 있고 의미 있게 보내라는 의미였던 것이다.

오늘이 마지막이라면 무엇을 할 것이냐는 질문을 종종 받는다. 하지만 반대로 오늘이 마지막이 아니라 똑같은 오늘이 계속해서 이어진다면 당신은 어떨 것 같은가?

코로나 바이러스 사태로 회사도 학원도 나도 자발적 격리 일주일로 재택근무에 동참하게 되었다. 평소에 바빴던 업무에서 벗어나 하루 이틀 정도는 아무것도 하지 않고 휴식을 취할 수 있겠지만, 오늘도 내일도 아니 평생 계속 아무것도 하지 않은 채 시간을 보낸다면 어떨지 생각해봤다. 그런 일상은 무섭기도 하고 끔찍했다. 그러다 보니 '24시간'이 내게 주는 의미가 굉장히 크게 와닿았다.

시간의 지배자가 되는 3가지 방법

누구나 시간 관리의 중요성에 대해 이야기하고 다 알고 있지만, 시간 관리를 어떻게 해야 하는지 알려주는 사람은 거의 없다. 그렇다면 어떻게 하면 시간을 온전히 나의 것으로 관리할 수 있을까?

첫째, 목표는 분명하고 치밀하게 세워라.

시간 관리의 첫 번째 단계는 분명하고 구체적인 목표 세우기다. 우리는 작게는 매일, 매주, 한 달로 목표를 세우고, 크게는 1년, 3년, 5년의 계획을 세운다. 장기적인 목표의 경우에는 크고 원대하게 세워 일관성 있게 나를 이끌어줄 수 있는 전체적 방향을 잡는 게 필요하겠지만, 단기적인 목표는 나의 절실함과 능력을 고려해 할 수 있는 것보다 낮게 목표를 정하고 시작하는 게 좋다.

너무 높게 잡는 경우는 오히려 실패로 인한 좌절감만 줄 수 있으니, 내가 반드시 해낼 수 있는 범위 내에서 하는 게 좋다. 이렇게 하는 이유는 여러 번의 작은 도전을 통해 얻은 작은 승리감이 모여 우리에게 자신감을 주고, 이 자신감이 곧 다음 목표로 이어지게 하는 추진력을 주기 때문이다.

특히 나는 이 책을 쓰면서 시간 관리가 얼마나 중요한지 새삼 깨달았다. 출간이라는 큰 목표 아래 구체적이고 세밀한 전략이 필요했다. 강의와 병행하면서 정해진 마감 시한을 맞추기 위해 책을 쓰는 것은 결코 쉬운 일이 아니다. 이 책을 쓰는 동안에 나에게 하루에 주어진 시간은 꽉 찬 강의 스케줄로 인해, 오로지 공강 시간 3시간과 잠들기 전 2시간 정도밖에 없었다. 그마저도 인터넷 강의 촬영이나 상담이 있을 때는 한 줄도 못 적는 경우도 있었다.

일단 한 주마다 목표를 정했다. 매주 두 꼭지(한 꼭지당 A4용지 2장 분량)를 쓰기 위해, 주중에는 참고서적 20여 권을 읽고 내 생각을 정리하며, 주말에는 주중에 정리한 자료와 아이디어를 가지고 집중해서 글을 썼다. 이렇게 하다 보니 하루도 시간을 허투루 쓸 수 없었다. 내가 집필한 토익 교재들도 이러한 구체적 계획 아래 가장 바빴을 때 출판되었다. 지금 생각해보면 시간이 제일 부족했을 때가 시간을 더 효율적으로 사용했던 것 같다.

둘째, 마감시간을 정하라.

'파킨슨의 법칙(Parkinson's Law)'이라고 해서, 어떤 일이든 주어진 시간이 소진될 때까지 늘어진다는 표현이다. 예를 들어 다음 주 월요일 10시가 과제 마감 제출일로 예정된 경우, 주중에는 특별히 일이 많은 것도 아닌데 하지 않고 미루다가, 주말에 몰아서 간신히 과제를 제출하는 경우를 말한다. 일종의 '마감효과'로 마감일이 얼마 남지 않았을 때 혼신의 힘을 다해 일하는 경우를 말하는 것이다. 어쨌든 우리는 마감일을 맞추기 위해 해낸다.

최근에 건강을 위해 간헐적 단식을 시작했다. 16시간의 공복을 유지하며 8시간은 식사를 하는 것이다. 평소에 배가 고플 때마다 아무 때나 먹을 수 있었던 반면, 제한된 8시간 동안만 먹을 수 있다 보니, 처음에는 간헐적 단식이 아니라 주어진 시간 동안 간헐적 폭식을 하게 되었다. 하지만 시간이 지날수록 나중에는 많이 먹고 싶어도 먹을 수도 없었고, 오히려 이왕 먹을 것이니 몸에 좋은 음식을 먹자는 쪽으로 생각이 바뀌게 되었다.

이처럼 우리는 마감 시간을 설정하면 처음에는 변화로 인한 저항이 있지만, 적당한 긴장과 함께 오히려 어떻게 하면 시간을 효과적으로 보낼 수 있을까 궁리하며 시간을 재해석하거나 재창조할 수 있게 된다.

셋째, 지금 당장 하라! 오늘만 일단 해보자!

시간 관리의 가장 중요한 단계인 실행 단계다. 아무리 목표를 치밀하게 세우고 마감 날짜를 정해봤자 당장 실행에 옮기지 않으면 시간 관리는 아무 의미가 없어진다. 목표를 세웠으면 절대로 미루지 말고 당장 하자. 아니면 적어도 오늘만이라도 한번 해보자는 마음으로 시작해보자. 일단 시작이 중요하다.

우리는 흔히 시간이 없어서 바빠서 못한다고 말하는 경우가 있다. 어떤 일을 할 수 없는 이유를 합리화하기 위해 수많은 변명을 찾아내며 자기합리화만 늘어나는 것이다. 사실 따지고 보면 시간이 없어서가 아니라 중요하지 않은 무언가를 포기하지 않기 때문인지도 모른다.

무언가 새로운 도전을 꿈꾼다면, 잠을 희생하든 노는 것을 포기하든 의미 없는 일들을 포기하고 새로운 시간을 만들어서라도 당장 해야 한다. 거창하게 시작하지 말고, 아까 언급했듯이 하루의 1퍼센트인 15분만이라도 투자해서 시작해보자. 그렇게 꾸준히 해서 작은 습관, 즉 나만의 루틴으로 만드는 것이다.

하루 15분만 시간을 낸다면 책을 한 달에 충분히 한 권 이상 읽을 수 있다. 더 여유를 가지고 4퍼센트, 즉 한 시간만 낸다면 일주일에 한두 권의 책을 거뜬히 읽을 수 있다.

하루의 적어도 15분 정도는 충분히 투자할 수 있지 않을까? 이처럼 시간의 스노우볼 효과(원래는 주식에 사용되지만 작은 눈을 뭉

쳐서 계속 굴리면 산더미처럼 큰 눈덩이가 된다는 의미)는 엄청난 결과로 돌아올 것이다.

오히려 내가 지금 하지 않고 미뤄뒀던 일들이 엄청난 스노우볼이 되어 감당할 수 없을 정도로 커져서 나를 덮칠지도 모른다. 지금 당장 시간 내서 하지 않으면 앞으로 나의 행복을 위한 시간도, 내 인생을 주체적으로 살아갈 시간도 내지 못한다.

재테크에 도전하라

경제적 어려움은 인생을 그늘지게 한다

돈이 인생의 전부도 아니고 모든 문제를 해결해줄 수는 없지만, 인생의 많은 것들을 바꿀 수 있다. 돈 문제가 있는 한 우리는 결코 자유로운 삶을 살지 못한다. 자신이 좋아하고 하고 싶은 일을 할 수 없으며, 싫어하는 일을 해야 하고, 퇴사를 하고 싶어도 못하는 이유는 결국 '돈'이 없기 때문이다.

돈이 없기 때문에 좋아하지도 않는 일을 계속해야 하고, 좋아하지 않는 일이지만 돈을 벌기 위해 싫어도 일해야 하는 것이다.

말 그대로 악순환이다. 반면, 돈이 있으면 자신이 좋아하는 일에 전념할 수 있고, 멋진 곳으로 몇 달 동안 여행도 갈 수 있다. 또한 돈은 자신감을 갖게 하며, 남들에게 더 많이 인정받게 되어 인생의 여러 기회와 도전을 할 수 있는 발판을 마련하기도 한다.

집 없는 세입자의 서러움이 재테크 공부로 이어지다

나는 20대 초반부터 대학 진학과 유학 생활로 인해 또래보다는 일찍 부모님으로부터 경제적인 독립을 했다. 사실 말이 경제적 독립이지, 경제관념에 대해서는 무지에 가까웠다. 목표와 계획 없이 소비만 했으니까. 강사들은 매달 꼬박꼬박 일정한 돈을 받는 월급쟁이와는 달리 매달 수입이 불규칙적이다. 따라서 수입이 안 좋을 때를 대비해서 돈 관리를 잘해야 한다.

보통 토익 강사들의 경우에 방학이 낀 달은 수입이 많은 편이다. '방학에 번 수입만으로 1년을 산다'라는 말이 있을 정도로, 방학달과 평달의 수입이 굉장히 차이 난다. 방학달의 수입을 마치 평균 수입이라고 착각해서 커진 씀씀이를 줄이지 못하는 강사들도 심심찮게 봐온 터라 나는 재테크에 대한 필요성을 절실히 느끼고 있었다.

하지만 내가 '돈'에 대해 본격적으로 공부하기 시작한 때는 갑작스럽게 이사를 가야 했던 날 이후였다. 계약이 1년이나 남았는데, 전셋집 집주인에게서 갑자기 집을 비워달라는 연락을 받았다. 부동산에 관해서는 무지했던 나는 주인이 그렇게 요구하면 을인 세입자 입장에서 으레 그래야만 하는 줄 알고, 이사비만 받고 다른 집을 구해야 했다. 나중에 안 사실이지만 사실 법적으로 남은 계약기간 동안 거주할 권리가 있었다.

그 사실을 뒤늦게 알고 나 자신이 갑자기 한심하게 느껴지면서 서러웠다. 그도 그럴 것이 나보다 나이 어린 집주인은 재테크를 잘해서 이미 몇 채의 아파트를 소유하고 있었다. 오기가 생기면서, '나도 내 집 장만하고, 정말 부자가 되고 싶다'라는 절실함이 밀려들었다.

그때부터 미친 듯이 재테크 공부를 시작했다. 동분서주하며 집을 알아보러 다녔고, 부동산 중개소도 여러 곳을 방문하면서 조금씩 재테크에 눈을 뜨게 되었다. 부동산은 정말 발품이 정답이라는 말처럼 많이 보고 많은 사람을 만나고 많이 듣고 많이 공부해야 한다. 그리고 가장 중요한 것은 좋은 타이밍이 왔을 때 실행에 옮길 수 있는 '결단력'이다.

그렇게 발품을 판 결과, 조금만 대출을 받으면 내 집을 소유할 수 있다는 이야기를 듣고 이때다 싶어 매수를 하게 되었다. 꿈만 같았던 내 집 마련이 현실로 이뤄지게 된 것이다. 운 좋게도 여러 부동산 중개소를 드나들면서 알게 된 부동산 중개인 한 분이 나의 사정을 딱하게 여기고 재테크 조언을 해줬다. 그분은 매달 2,000만 원 이상의 임대수익을 올리고 있었는데, 무일푼에서 지금까지 자산을 이루게 된 과정과 부자들이 어떻게 돈을 굴려 더 부자가 되는지를 설명해줬다. 그 조언을 듣고 뒤통수를 맞은 느낌이었다. 이런 세상이 있었다는 것을 여태까지 모르고 살았던 것이다.

그 이후로 그 부동산 중개인의 도움으로 내 집 마련에 이어 여러 곳에 부동산 투자를 할 수 있었다. 우리가 뭔가 마음을 먹고 도전을 하려고 할 때, 희한하게 도와주는 사람들이 꼭 나타난다. 나에겐 그 부동산 중개인이 그런 사람이었다.

지금 생각하면 그 집주인에게도 정말 감사하다. 아마 그 사람이 없었더라면 평생 을의 입장으로 내 이름으로 된 집 한 채 없이 월셋집이나 전셋집을 전전했을지도 모르고, 재테크 공부도 하지 않았을지도 모른다. 그때부터 나는 인연을 소중하게 생각하게 되었다. 좋은 인연이든 악연이든 나에게 어떠한 형태로든 주는 교훈이 있기 때문이다. 집주인이 없었다면 재테크의 '재' 자도 몰랐을 것이고, 부동산 중개인의 조언이 없었다면 재테크와 거리가 먼 삶을 살고 있을 것이다.

돈은 돈에 관심 있는 사람만 따른다

보도 섀퍼(Bodo Schäfer)의 《돈》(북플러스, 2011), 엠제이 드마코(MJ DeMarco)의 《부의 추월차선》(토트출판사, 2013), 로버트 기요사키(Robert Kiyosaki)의 《부자아빠, 가난한 아빠》(민음인, 2018) 등 여러 가지 재테크 책을 보면서 내가 깨닫게 된 것 중 하나는 가난한 사람들은 돈에 대한 불평불만만 늘어놓지 정작 부자가 되고 싶은 생각이나 공부를 실제로 하지 않는다는 것이다. 반면에 부자는 더 부자가 되기 위해 끊임없이 연구하고 노력한다. 그런 이유에서 가난한 사람들의 돈이 부자들의 주머니로 흘러 들어가 부자들의 주머니를 더욱 채우는지도 모르겠다.

부자가 되기 위해서는, 일단 돈에 관심을 가지고 돈과 친해지는 연습이 필요하다. 나는 우선 재테크 전문가들의 조언대로 매일 2가지 경제신문을 읽기 시작했다. 금리, 달러, 환율, 국채 등 너무 생소하고 어려운 용어에 맨 처음에는 멘탈이 붕괴되었지만 몇 달간 꾸준히 읽다 보니 점차 이해되기 시작했다. 모르는 용어가 나오면 꼬리에 꼬리를 물듯 관련된 책을 찾아서 읽었다.

성향이 다른 경제 전문가들이 이야기하는 유튜브 채널도 꼬박꼬박 챙겨봤다. 특히 부동산은 정부의 정책에 따라 좌지우지되기 때문에, 정권의 성향에 따라 어떻게 투자를 해야 하는지,

어떤 세제 혜택과 법안이 있는지를 공부했다.

우리는 돈이나 건강의 경우 그것을 잃어버렸을 때 해결하려고 하지, 정작 있을 때는 신경을 잘 쓰지 않는 경향이 있다. 그러므로 그쪽에 관심을 가지는 것이 쉽지는 않겠지만 끊임없는 동기부여와 관심이 필요하다. 책이나 신문을 통해서 재테크에 성공한 사람들의 사례를 읽거나, 재테크 모임에 나가서 나보다 적게 버는 사람들이 얼마나 절약하면서 큰 자산을 모았는지를 듣고 보면서 자기 자신을 일깨울 수 있도록 기회를 제공하는 것이 굉장히 중요하다.

'위'기는 곧 위대한 '기'회다

내 집 마련 당시, 집을 매수할지 말지 주저하는 나를 보면서 나를 도와줬던 부동산 중개인이 했던 말이 생각난다.

"인생에서 한 번씩 찾아오는 위기라는 폭풍에 휩쓸려 떠내려가는 사람도 있지만, 그 기회라는 바람을 올라타고 한층 신분상승을 하는 사람도 있어요. 이때를 잡아야 해요. 위기가 곧 '위'대한 '기'회인 것이죠."

이 이야기는 꼭 부동산에만 국한된 이야기는 아닌 것 같다.

위기일 때 도전해서 자신의 인생 자체를 업그레이드해야 한다.

인생에 한 번 이상은 돈을 크게 벌 수 있는 기회가 누구에게나 주어진다. 부자들은 이러한 기회를 그냥 흘려버리지 않는다. 그들은 평소에 돈을 절약해서 필요한 자금을 만들고 치밀하게 공부하고 준비했기에 기회를 놓치지 않고 낚아챌 수 있는 것이다.

부자들의 특별한 비법이라면 그들은 하나같이 새로운 도전을 기꺼이 받아들이며, 끊임없이 주도적으로 행동하여 자신의 가치를 높이는 데 두려워하지 않는다는 것이다. 도전을 해봤기에 기회도 바로 알아차리는 것이다. 그러므로 하루빨리 부자들의 재테크 습관이나 방식을 익히는 게 좋다. 도전을 꺼리거나 현실에 안주하는 낡은 사고방식에 갇혀 산다면, 가난한 삶이 계속 이어질 것이다. 계속 '돈'이라는 굴레에서 벗어날 수 없다.

꾸준한 습관이 답이다

인생에서 성공하고 싶은가?

"선생님, 한 달 안에 토익 고득점을 받으려면 어떻게 해야 하나요?"

이런 질문을 수도 없이 듣는다. 나에게 이 질문은 "선생님, 인생에서 성공하려면 어떻게 해야 하나요?"와 똑같이 느껴진다. 단지 차이가 있다면, 학생들은 한 달 혹은 두 달이라는 짧은 시간 안에 성과를 내야 하고, 우리의 인생은 몇십 년이라는 긴 기간을 두고 가야 한다는 게 다를 뿐이다.

하지만 분명한 것은 짧은 기간에 성공을 잠시나마 맛봤던 사람들은 장기전인 우리 인생에서도 무엇에 도전하든 간에 분명 성공할 가능성이 높다는 것이다.

그럼 위의 두 질문에 대한 답을 하기 위해서는 거꾸로 '한 달 후에 토익 고득점을 못 올리는 학생들은 어떤 부류일까?'라는 질문을 해보면 쉽게 답을 찾을 수 있다.

토익 고득점을 올리지 못하는 학생들의 특징
• 토익을 왜 공부해야 하는지 모른다.
• 목표 점수가 딱히 없다.
• 강사가 가르쳐준 비법들을 꾸준하게 실행하지 않는다.

이 학생들의 특징을 바꿔 말하면, "인생에 대한 나만의 목표가 없으며, 설사 어떻게 해야 잘 살 수 있는지에 대한 방법을 안다 해도 실행에 옮겨 꾸준하게 하지 않는다"는 것이다. 즉 '목표 설정'과 '꾸준한 습관 들이기'가 없는 상황이다.

꾸준한 습관,
왜 이렇게 어려울까?

보통 목표를 세우는 것은 그리 어렵지 않다. 문제는 실행에 옮겨서 꾸준하게 나의 습관으로 만드는 것이다. 그럼 왜 습관화하는 것이 그리 어려울까? 여태까지 편하게 살아왔던 습관이 하루아침에 새로운 습관으로 자리 잡기까지 그 '저항성'과 '불편함'이 있기 때문이다.

매달 강의를 하면서 학생들에게 하는 이야기가 있다.

"이번 한 달 동안은 여러분들이 해왔던 공부 습관과 제가 말하는 공부 방식이 계속 싸우는 시간이 될 거예요. 예전 방식으로 해서 점수가 안 나왔다면, 빨리 그 습관을 버리고 새로운 방식을 습관화해야 합니다. 결국 새 습관을 누가 빨리 흡수하고 받아들이느냐에 따라 한 달 후 성적이 좌우됩니다."

토익 문제 중에는 처음부터 끝까지 다 해석해야 할 문제가 있고, 문제 출제자의 의도를 파악해서 굳이 해석할 필요 없이 핵심만 파악하여 풀어야 하는 문제가 있다. 그렇게 해야만 제한된 시간 안에 모든 문제를 빨리 풀 수 있다.

후자에 속하는 문제를 어떻게 빨리 풀 수 있는지에 대한 비법을 아무리 가르쳐줘도 예전 공부 습관을 버리지 않고 매번 시간이 부족하다고 이야기하는 학생들이 있다. 그런 학생들은 예전 습관을 바꿀 의향이 없는 것으로, 계속 그 점수로 가겠다는 것과 다름없다.

설사 새로운 습관을 들였다 하더라도 문제는 정체기나 슬럼프가 반드시 찾아온다. 우리가 투자한 시간 대비 모든 것들이 우상향의 형태로 발전하면 얼마나 좋을까?

하지만 우리는 계단식으로 성장한다. 물론 그 성장도 매일 꾸준하게 한다는 전제하에서 이뤄진다. 그러다 보니 눈에 보이는 즉각적인 보상이 없어 중도에 포기하는 경우가 있다. 사실 그런 마음이 들 때가 한 계단으로 뛰어오르기 직전 꼭짓점에 와 있는 것임을 사람들은 모른다. 그 단계를 넘어야 비로소 습관으로 자리 잡히게 된다.

꾸준한 습관을 만드는 3가지 방법

여러 가지 나의 습관 중에서 운동은 이미 내 인생에 습관으로 자리 잡은 지 오래되었다. 그런데 코로나 바이러스의 영향으로 헬스장이 한 달가량 문을 닫으면서 나의 운동 루틴이 깨졌다. 평소에 헬스장에서 운동하는 나에게는 또 다른 도전 과제가 주어진 것이다.

이번에는 홈 트레이닝(홈트)을 통해서 집에서 새로운 운동을 해보기로 했다. 어떻게 나는 운동을 습관화했는지 예전에 헬스장에 다니기 시작했던 일을 곰곰이 생각해봤다. 그러다 보니 다음 3가지 방법으로 정리되었다.

첫째, 내가 할 수 있는 범위에서 시작하여 점차 강도를 높여라.

목표를 너무 높게 잡다 보면 대개 작심삼일로 끝나 결국 자기부정으로 이어진다.

'난, 어떻게 해도 안 되는구나! 내가 하는 게 다 그렇지 뭐.'

자기부정은 도전에서 가장 큰 장애물이다. 그래서 '단 하루 오늘만 해보자'라는 마음으로 시작해야 한다. 일단 가볍게 시작하는 것이 좋다. 내가 생각하는 습관 들이기의 고비는 3일, 7일, 2주, 1개월, 3개월(100일)이다. 일단 이러한 단계적인 임계점 시기만 넘으면 그다음부터는 습관화할 수 있다.

둘째, 내가 한 도전을 기록하고 시각화하라.

요즘에는 워낙 운동에 관련된 앱들이 잘 나와 있어서 내가 도전한 것들을 바로 기록할 수 있고, 또 즉각적인 보상도 이루어진다. 나는 휴대폰과 연계된 스마트 워치를 늘 차고 다니는데, 3가지 항목이 표시된다. 하루의 걸음 수, 활동 시간, 칼로리. 이 3가지 항목이 목표치를 넘게 되면 시계에서 즉각적으로 축하 메시지와 함께 칭찬 모드로 반응을 한다.

'오늘도 잘했어요', '오늘은 어제보다 많이 활동적으로 하루를 보내고 계시는군요' 같은 반응이 별것 아닌 것 같지만, 일종의 보상이 즉각적으로 주어지는 셈이다.

이러한 보상은 꾸준히 할 수 있는 힘을 만들어준다. 오죽했으면 나의 경우 종종 하루의 목표를 초과하지 못한 날이면, 아무리

피곤하더라도 잠자기 전에 집 주위를 산책해서 하루의 목표치를 채우고 잠든 적도 있다.

셋째, 슬럼프와 정체기에 대비하라.

습관을 들이는 과정에는 반드시 슬럼프와 정체기가 온다. 늘 습관적으로 하던 일도 지칠 때가 있다. 이럴 때 나는 그냥 내버려둔다. 특히 지방에 내려가거나 여행을 갈 때는 어쩔 수 없이 운동할 수 없는 상황이 종종 생긴다. 그럴 때는 깨져버린 루틴을 그대로 놔두는데, 오히려 그렇게 되면 신기하게도 뇌보다 몸에서 더 빨리 반응한다. 몸이 찌뿌둥해서 어떠한 형태로든 운동할 수 있는 방법을 찾게 된다.

여러분의 습관은 어떤가?

습관이 되었다는 것은 어떤 의미일까? 사실 매일 하기로 결정했으면, 오늘 그것을 할지 말지 고민할 일도, 마음을 굳게 먹을 일도 없다. 의식하지 않고 이미 내 삶의 일부가 되어 그렇게 살고 있는 것이다. 운동, 독서, 명상 등 긍정적인 습관이라면 괜찮지만, 그 반대의 부정적인 습관이라면 이 말은 굉장히 무서운 말이다.

아무런 목표 없이 그냥 살아가는 것이 지금은 자유롭게 느껴질지 모르겠지만, 시간이 지나면서 그 자유가 나에게 주는 짐은 곧 나를 짓누르게 된다. 목표 없이 살아가다 보면, 습관대로 살아가게 마련이다. 그 짐을 조금이라도 벗어나고 싶다면 오늘부터라도 하나의 작은 목표를 세워서 흔들림 없이 지켜나갈 수 있는 나만의 루틴을 만드는 것이 어떨까?

몰입, 성공의 핵심

이상한 몰입을 경험하다

최근에 어떤 것에 대해 몰입한 적이 있는가? 평소 집중력이 좋다고 생각했던 내가 '몰입'을 경험하게 된 것은 예기치 않게 내 인생에 대해 비극적인 생각을 하고 있을 때였다. 번아웃으로 우울증 초기 증상을 보일 때였다. 이 세상에 나만 혼자 내버려진 느낌이 들면서 삶의 의미를 찾지 못했고, 무언가를 해도 무기력한 상태였고, 자존감도 많이 낮아져서 결국 좋지 못한 방향으로 극단적인 생각을 하는 데까지 이르게 된 것이다.

사람이 한 가지 생각만 하면 오직 그것을 달성하기 위해 매순간 그것만 생각하게 된다. 그 점이 너무 무서웠다. 사고 자체가 안 좋은 쪽으로만 계속 몰입하는 것이다. 나의 몰입감은 너무 대단해서, 나의 오감은 자기비하와 자기부정이라는 오직 나 자신을 파괴시키는 데만 집중했다. 스스로를 벼랑 끝에 내몰고 있었던 것이다.

진료 도중 안타깝게도 환자가 휘두른 흉기에 목숨을 잃은 정신과의사 고(故) 임세원은 자신의 저서 《죽고 싶은 사람은 없다》(알키, 2016)에서 본인이 우울증을 겪으면서 자살을 시도한 과정을 설명한다. 흔히 자살을 생각하는 사람들은 자살만 생각하다 보면 '자살 생각'에 그치지 않고, '자살 계획'을 하고 실제로 '자살 시도'라는 행동까지 하게 된다는 것이다. 즉 하나의 생각이 결국 계획과 행동으로 구체적으로 이어진다. 물론 계획과 시도까지는 다양한 변수들로 인해 실패하는 경우가 많지만, 그 촉발점이 되는 것이 우울증이라고 했다. 이렇게 우울증이 무섭다.

운동과 글쓰기로 긍정적 몰입을 시작하다

그 책을 읽고 나서 내 머릿속에서 스위치가 갑자기 켜지는 느낌을 받았다. '이런 강한 몰입감의

에너지를 부정적인 곳에 쓸 게 아니라 좋은 쪽으로 쓰면 뭘 해도 성공하지 않을까?'라는 생각이 든 것이다. 그때부터 조금씩 한 가지씩 좋은 쪽으로 몰입할 수 있는 것을 찾기 시작했다. 그렇게 해서 시작하게 된 것이 '운동'과 '글쓰기'였다.

운동과 글쓰기만큼 몰입을 시작하기에 좋은 것도 없다. 이 2가지 일에는 공통점이 많다.

맨 먼저, 아침이나 저녁에 하면 효과가 좋다. 하루를 시작하며 몸과 두뇌를 깨움으로써 오늘 하루를 잘 보낼 수 있는 에너지를 준비하는 것이다. 또한 하루의 마무리로 하루 종일 쌓였던 스트레스를 운동으로 해소하고, 마음을 정리하는 글을 쓰면서 하루를 감사하게 잘 마무리하며 내일을 맞이할 준비를 한다.

두 번째로, 운동과 글쓰기를 하면 마음이 놀랍게도 고요해진다. 힘든 하루를 마치고 사실 침대에 몸을 던지고 싶을 정도로 지칠 때도 있지만, 희한하게도 격렬한 운동을 하고 나만의 조용한 시간을 가진 후에 글을 쓰기 시작하면 피곤함은 온데간데없고, 어느새 마음이 평온해지는 것을 느낄 수 있다.

그다음, 운동과 글쓰기를 끝낸 후에는 기분이 매우 좋아져 다음에 뭔가를 할 수 있는 에너지와 의욕을 불러일으킨다. 많은 사람들이 알고 있듯이 행복감을 느끼게 하는 호르몬인 엔도르핀과 세로토닌이 운동을 하면 평소보다 증가한다. 엔도르핀은 기분을 좋게 하고, 세로토닌은 우리 몸과 두뇌의 균형을 유지할 수 있게 해준다. 오늘 하루도 운동과 글쓰기를 해냈다는 작은 성취감으로 인해 앞으로 무언가에 도전할 수 있는 의욕이 생긴다.

마지막으로, 운동과 글쓰기를 하는 동안에 많은 아이디어와 계획이 쏟아진다. 운동과 글쓰기에 몰입을 하다 보면 평소에 미처 생각지 못했던 좋은 생각들이나 해야 할 일들이 떠오를 때가 많다. 나는 그 아이디어를 놓칠세라 운동하면서 메모를 동시에 하기도 한다.

이 상관관계는 피츠버그 의과대학에서 연구한 결과 운동이 인지를 담당하는 뇌 부위인 전전두피질과 기억중추인 해마의 용적을 증가시킨다는 것에서도 알 수 있다. 여러 전문가들이 조언하듯이, 치매 예방에 가장 좋은 것 중 하나가 '운동'과 '글쓰기'라는 것만 보더라도 운동과 글쓰기가 두뇌 활동에 미치는 영향력이 얼마나 큰지를 알 수 있다.

운동, 건강한 몰입 방법

나는 주중 저녁이면 2, 3회는 헬스클럽에 가서 러닝 한 시간, 웨이트 30분을 하고 사우나에서 하루에 있었던 일을 죽 정리한다. 하루 중 가장 행복한 시간이다. 내 몸과 마음에 남아 있는 나쁜 독소들을 빼내는 유일한 시간이기 때문이다. 격렬하게 땀 흘리고 운동하다 보면 어느새 심란했거나 스트레스받았던 마음은 온데간데없어지고 오히려 마음이 차분해진다.

주말에는 나의 힐링 명소이자 내가 가장 좋아하는 장소인 남산에서 아침 운동을 한다. 내 강의에 대한 아이디어와 내 삶에 대한 계획과 결심은 대부분 남산에서 운동하면서 나온다. 특히 자연과 함께한 운동은 더 특별하다. 자연에서 주는 에너지가 있기 때문이다. 참 신기하게도 산에 올라가기 전에 머릿속을 가득 채웠던 고민과 우울함은 산을 내려올 때는 어느새 자신감과 뭐든 해낼 수 있는 긍정 에너지로 바뀌어 있다.

내 마음에 몰입해 관찰일기에 도전하다

유튜브 〈Higher SelfKorea〉 채널에서 외국인 유튜버 알렉스(Alex)가 유창한 한국어로 '관찰일기' 쓰는 방법을 소개하는 영상을 우연히 보게 되었다. 이후 나도 하루에 30분이라도 나를 위한 몰입의 시간을 가져보기로 했다. 나 자신과의 대화 시간을 가지고 나 자신을 발견하는 연습을 하는 것이다. 나는 내 상태와 내가 느낀 감정을 적으면서, 꼬리에 꼬리를 물 듯이 그 감정을 객관화해서 해결책과 함께 적었다.

| 관찰일기 |

2019년 6월 O일

요즘에 왜 불안하고 매일매일 힘들까?
내가 생각하는 대로 잘 안 되니까 그렇다.
그렇다면 내가 안 된다고 생각하는 부분이 어떤 것일까?
그리고 그것을 해결하기 위해 구체적으로 내가 지금 할 수 있는 것은 무엇일까?
내가 지금 할 수 있는 것과 시간이 필요한 것, 내가 노력해도 될 수 없는 것들을 분류해 보자.

막상 관찰일기를 쓰기 시작하니, 의외로 내가 굉장히 크게 생각한 갈등 상황이 허무하게 두세 줄밖에 안 되었다. 속으로만 생각할 때는 그 크기가 엄청 크다고 느꼈는데, 글 쓰는 행위로 시각적으로 표현하자 실체가 드러난 것이다. 이렇게 글로 적어보면 현실을 제대로 파악할 수 있다. 생각했던 것보다 실체가 작다는 것을 보고 마음도 편안해졌다.

마지막에 이 시점에서 내가 낼 수 있는 해결책이나 조언을 적었다. 만약 해결책이 있다면 그것을 행동에 옮기면 될 것이고, 해결책이 없다 하더라도 나는 오늘의 내 마음이 어떠했는지를 적은 것만으로도 충분하다. 그렇게 하면 내 마음도 이미 많이 진정된다.

긍정 몰입에 도전하라

몰입 이론의 창시자라 할 수 있는 미하이 칙센트미하이(Mihaly Csikszentmihalyi)는 몰입을 잘하는 사람은 어떤 일을 하더라도 적극적이고 열정적으로 한다고 말했다. 힘든 마음을 치유하고자 막연하게 시작했던 운동과 글쓰기에 몰입하면서 나 역시 많은 도움이 되는 것을 느꼈다. 머릿속에만 있었던 막연한 복잡함을 몸과 글이라는 행동 에너지로 옮기고 나니, 내 삶에서 상상치 못했던 의욕이 일어났다. 이 의욕은 앞으로 내가 어떤 일에 더 적극적이고 열정적으로 도전할 수 있는 힘으로 작용할 것이다.

큰 어려움에 직면했다고 주저앉거나 포기할 것이 아니라 지금 몰입할 수 있는 작은 일 하나를 찾아서 시작해보자. 아무것도 하지 않으면 두려움이 앞선다. 하지만 몰입할 수 있는 작은 일 하나를 찾아서 하게 되면 나쁜 감정이나 생각들이 비집고 들어올 공간 자체가 사라진다.

나만의 브랜드를 만들어라

당신의 키워드는 무엇인가?

#미친적중률 #라작두 #압도적 카리스마 #츤데레 #음성지원. 이 표현은 학생들이 나에게 붙여준 별명이다. 예전에 유시민 전 장관이 스스로를 다음과 같이 소개한 적이 있다.

"안녕하십니까? 지식소매상 유시민입니다."

그는 많은 경력에도 불구하고, 한 문장으로 자신을 '지식소매상'으로 정리했다. 이처럼 우리의 정체성을 하나의 키워드로 만들면 인생에 대한 목표가 명확해질 수 있다.

특히 요즘처럼 개인 브랜드를 중요시하는 시대를 살면서 '나'라는 사람을 잘 드러내는 별명이나 키워드를 하나쯤은 모두 갖고 있어야 한다. 특히 강사를 업으로 생각하는 이들은 각 개인이 하나의 상품이기 때문에 자기 브랜드가 더욱 필요하다.

사실 강사는 연예인과 비슷하다. 나라는 상품의 가치가 티켓파워, 즉 학생 수로 평가되고 인정받는다. 많은 사람들에게 노출되어 인정받고, 학생들에게 제공하는 수업의 만족도가 그 강사의 지명도와 인기로 곧바로 직결된다.

웬만한 내공이 없다면 반짝 떴다가 질 수도 있다. 오프라인 강의, 인터넷 강의, 유튜브 등에서도 그야말로 다재다능한 멀티플레이어가 되어야 한다. 간혹 학벌만 내세우고 대형학원에서 일한다고 해서 다 잘나갈 거라고 착각하는 강사들이 있다. 하지만 '나'만의 브랜드를 탄탄하게 만들어놓지 않으면 경쟁이 치열한 학원 강사의 세계에서 절대로 살아남을 수 없다.

The Only One이 되는 5가지 방법

평생직장이라는 말이 무의미한 요즘, 모든 직업이 그러하듯이 은퇴 연령이 빨라져 40대가 되면 직장을 떠나는 경우가 많다. 강사들의 수명은 일반 직장인들보다 더 짧다. 철저하게 시장의 원리에 따라 움직이는 집단이 강사들이며 자기 몸값은 자기가 정한다고 할 수 있다. 강사에게 가장 중요한 것은 그냥 유명한 사람이 되기보다는 대체 불가능한 '유일한 사람(The Only One)'이 되어야 한다는 것이다. 그러기 위해서 나만의 무기가 확실해야 한다. 15년간 강사 생활을 하면서 대체 불가능한 강사가 되기 위해 필요한 것들을 정리했다. 어느 분야에서 일하든 간에 적용시킬 수 있는 내용이라고 생각한다.

첫째, 자기만의 콘텐츠와 전달력을 갖추자.

앞으로 4차 산업혁명 시대는 '콘텐츠'의 싸움이라고 해도 과언이 아니다. 특히 강사라면 첫 번째, 나만의 유일무이한 '콘텐츠'와 그것을 정확하게 전달하는 '전달력'을 반드시 갖추고 있어야 한다. 특히 입시 강사의 경우에 최신 경향의 문제와 트렌드를 알아야 하는 것은 물론이고, 부단한 교재 연구로 남들과 차별화를 꾀해야 한다. 교재 연구를 통해 강사 자신만의 빅데이터로 축적하고 압축한 노하우가 담긴 콘텐츠, 즉 교재가 있어야 한다. 그것도 여러 가지 교수법을 통한 다양한 버전의 교재가 필요하다. 이 교재를 위해 대부분의 학생들이 온라인 강의를 듣기보다 기꺼이 발품을 팔며 오프라인 강의를 들으려는 것이다. 개중에는 1년 내내 같은 교재를 사용하거나, 조교를 시켜 유명 강사의 교재를 자기 교재인 양 쓰거나 짜깁기하는 비양심적인 강사들도 있지만, 영리한 학생들은 재빨리 그 사실을 알아차린다.

콘텐츠와 더불어, 훌륭한 콘텐츠를 더 빛나게 해줄 '전달력'도 있어야 한다. "때때때 조건조건~, 너만 빼놓고, 뭘 봐! 뒤를 봐!" 내 수업을 들어본 학생이라면 다 알 것이다. 암기하기 어려운 문법과 어휘 부분을 나만의 특별한 어록으로 승화시켰다. 별도의 암기 없이 학생들이 시험장에 가면 "라쌤의 목소리가 음성지원 되는 느낌을 받는다"라고 모두 입을 모아 이야기한다. 심지어 취업해서 직장에서 영어로 이메일을 쓸 때도 내가 가르친 문법과 어휘가 생각난다고 한다. 이처럼 훌륭한 콘텐츠를 나만의 색깔로 필터링해서 명확하게 전달해야 한다.

둘째, 자신만의 카리스마와 신뢰감을 심자.

'카리스마 있는 강의 장악력'과 '신뢰감을 줄 수 있는 태도'가 중요하다. 비단 이것은 강사에게만 국한되는 것이 아니라, 어느 집단에 소속되어 있든 '나의 존재감'을 말하는 것이다.

강사라면 좋은 언변력과 호감은 기본으로 갖춰야 하며, 그에 못지않게 빠르게 변하는 사회 트렌드를 쫓아갈 수 있는 유연성과 유머 감각도 있어야 한다. 무엇보다 동기를 부여할 때는 강한 카리스마로 밀어붙이고, 위로가 필요할 때는 부드럽게 감싸 안아줄 수 있는 소위 '밀당' 능력이 있어야 한다. 왜냐하면 토익 강의를 듣는 학생들의 대부분이 하루하루 불확실한 미래에 대한 불안감 속에서 공부하고 있기 때문이다. 그들에게 강사는 신뢰감과 확신을 줄 수 있는 심리적인 버팀목이 되어야 한다. 아무리 영어 실력이 뛰어난 강사라도 학생들을 몰입하게 만드는 카리스마가 없다면 실력 있는 강사라고 할 수 없다.

셋째, 관계를 만드는 네트워킹과 태도를 갖추자.

어느 직업에서든 '네트워킹'과 '사람을 대하는 태도'가 중요하다. 강사들 중에 자기 잘난 맛에 강의를 하는 사람도 있다. 자기 이외의 동료 강사들과는 절대 교류를 하지 않는 부류도 있다. 물론 다 같이 경쟁해야 하는 입장이어서 그럴 수도 있겠지만, 강사 세계라는 것이 굉장히 좁아서 오늘의 경쟁자가 내일의 파트너가 될 수도 있으며, 다른 학원으로 이동해 유용한 정보를 서로 공유할 수 있기 때문에 강사들과의 네트워킹은 굉장히 중요하다.

모든 분야가 그러하듯이 '사람을 대하는 태도'가 굉장히 중요하다. 내가 지금 몸담고 있는 학원에서 대부분의 토익 강사는 내 강의를 다 청강했다. 처음 청강하러 들어왔을 때 나는 이미 그들의 강사 수명을 짐작할 수 있었다. '난 청강이 필요 없는데, 왜 내가 이 수업을 청강해야 하지?'라며 딴짓을 하는 강사가 있는 반면, 수업 전에 음료수 한 병을 들고 와서 자기를 소개하고 열심히 수업을 듣고 나에게 수업을 잘 들었다며 인사하고 가는 사람들이 있다. 당연히 전자는 3개월도 못 버티고 나가고, 후자는 훗날 동료 강사들뿐만 아니라 학생들에게도 인정받는 강사가 된다.

넷째, 어느 순간에도 버틸 수 있는 '자기 관리 능력'을 갖추자.

모든 직업군에 해당하는 내용이겠지만, '자기 관리 능력'이 필요하다. 많은 사람들에게 노출되는 직업이어서 나도 초창기에는 외모 관리에 중점을 뒀다. 하지만 외모 관리뿐만 아니라 결국 롱런을 위해서는 '자기 멘탈 관리'와 '건강관리'가 굉장히 중요하다. 다른 직업보다 학생들로부터 피드백을 바로바로 받는 편이기에 혹여 안 좋은 평가나 악성 댓글에 담담해질 필요가 있다. 또한, 자기 능력 때문이라기보다 시장 상황의 변화로 인해 학생들이 줄어들 수 있는 불확실한 미래에 대해서도 관리할 수 있어야 한다.

보통 스타 강사들은 온라인과 오프라인 할 것 없이 다방면으로 활약하게 된다. 좋은 기회가 주어져 한창 앞으로 나아가야 할 때 건강이 악화되거나 체력이 안 따라줘서 한방에 훅 가는 경우도 많이 봐온 터라 오랫동안 강의를 하고 싶다면 강의를 시작하는 초창기부터 명심하고 있어야 할 부분이 '자기 관리 능력'이다.

다섯째, 인간적인 매력을 주는 자기만의 스토리를 만들자.

자기만의 스토리가 있어야 한다. 실력 좋고 강의를 잘하지만 오직 지식을 전달하는 데만 급급해서 학생들과의 유대관계가 전혀 없는 강사들이 있다. 온라인과 오프라인 수업이 너무나 똑같아 인간미를 전혀 느낄 수 없는 강사들이다. 학생들이 오프라인을 찾을 때는 온라인 강의 이상의 기대치를 갖고 오는 경우가 많다. 특히 '나'라는 브랜드를 학생들이 끊임없이 찾게 하려면, 강의 실력도 중요하지만 자기만의 스토리로 무장된 인간적 매력이 있어야 한다. 수업이 끝나도 학생들이 따로 다시 한 번 만나고 싶을 정도의 강사가 되어야 한다.

나는 강의를 할 때 영어만 가르치지 않는다. 취업을 위해 어떤 경쟁력을 갖춰야 하며, 내가 유학과 취업을 통해서 느꼈던 것을 이야기하거나, 앞으로 불확실한 미래에 어떻게 도전하며 살아가야 하는지에 대한 비전을 이야기한다. 즉 그들에게 강의뿐 아니라 인간적으로 다가갈 수 있는 '멘토'가 되는 것이다.

나도 초창기에 강의할 때는 완벽하게 보이려고 정말 빈틈없이 강의만 했다. 하지만 뛰어난 강의를 증명하는 것과 더불어, 학생들이 뭐가 필요한지를 파악하여 나만의 스토리로 그들이 들어올 수 있게 공간(여백)을 만드는 것이 중요하다. 앞으로는 강의만 잘하는 스타 강사에 의한 대형 강의 수요는 줄어들고, 학생들이 스스로 깨우칠 수 있게 동기부여를 하는 '동기부여 교육 전문 강사'가 더 필요한 시대가 올 것이라고 생각한다.

건강도 스펙처럼 관리하라

건강관리도 능력이다

어느 의사가 건강에 대해 강의를 하며 아주 멋진 비유를 했다. 그는 칠판에 10,000,000이라는 숫자를 써 놓고는 '0' 하나하나를 가리키며 해석을 해줬다.

"이것은 금전, 이것은 사업, 이것은 가족, 이것은 행복, 이것은 좋은 차, 이것은 좋은 집, 이것은 지위입니다." 그리고 마지막 '1'을 가리켰다. "이것은 건강입니다. 만약 건강이 없다면 나머지 '0'들은 아무 가치가 없습니다."

— **김달국, 《29세까지 반드시 해야 할 일》**(새로운제안, 2006)

내가 운동을 본격적으로 시작하게 된 것은 10년 전부터다. 그 전에는 딱히 운동의 필요성을 느끼지 못했다. 10년 전 어느 날 주말반 수업에서 판서를 하려고 하는데 갑자기 어지럼증을 느끼고 쓰러질 뻔한 적이 있었다. 단순한 빈혈인가 싶어 대수롭지 않게 넘어갔지만, 며칠 후 그런 증상이 반복되었다. 심지어 왼쪽 몸 전체가 저려 며칠 동안 잠을 거의 잘 수 없었다. 덜컥 겁이 나서 바로 한의원을 찾았는데, 과로와 스트레스로 인한 혈액순환에 문제가 있었다. 모세혈관이 거의 막혀 있었던 것이다.

의사도 심각하게 충고했다.

"당장 일을 줄이고 식단조절과 운동을 하지 않으면 정말이지 큰일납니다."

그도 그럴 것이 그때는 강의를 시작한 지 얼마 되지 않아 한참 강의가 재미있어서 주말반까지 주 6일 근무하는 데다 식사 시간이 늘 불규칙했다. 몇 시간 동안 이어질 연강으로 식사할 시간이 언제 생길지 몰라 잠깐의 공강 시간에 음식을 허겁지겁 입에 욱여넣기 일쑤였기 때문이다.

혹여 스트레스가 있는 날이면 그 감정을 해소하기 위해 몸에 안 좋다는 치킨, 피자, 맵고 짠 음식만 먹으며 몸을 아주 혹사시키고 있었다. 어떻게 그렇게 몸을 망가뜨리며 살았는지 정말 지금 생각해도 아찔하다.

사람은 참 간사하게도 건강을 잃을 때까지는 그 소중함을 모르는 것 같다. 막상 건강이 안 좋아졌을 때 문제 해결 대상으로 생각하지, 나와 평생을 같이 가야 할 소중한 것으로 건강을 생각하지 못하는 것이다.

그 이후로 의사의 조언대로 운동과 식이요법을 병행했다. 정상적인 건강 상태로 돌아오기까지 3개월이란 시간이 걸렸다. 모든 직업이 다 그렇겠지만, 특히 강사란 직업은 자기 몸이 큰 재산이며 연예인처럼 보여주는 직업이므로, 자기 관리를 철저하게 하는 것이 중요하다.

그중 으뜸인 건강관리는 곧 강의력이라 할 만큼 중요하다. 강의력이 좋은 훌륭한 강사라도 건강이 받쳐주지 못해 강의를 계속할 수 없는 안타까운 경우를 수없이 봐왔다. 건강하지 못하면 정말 내가 하고 싶은 것이 정작 나타났을 때 할 수 없다.

보디 프로필 사진에 도전하다

나는 어렸을 때부터 운동을 좋아하기도 했고, 학년 대표 육상선수로 나간 적도 있을 만큼 운동신경도 좋은 편이어서 운동은 그냥 하면 되는 줄 알았다. 하지만 혈관이 막혀 쓰러질 뻔해 생명의 위협을 느꼈던 그날 이후로 정말 살기 위해서 운동을 해야겠다고 결심했다.

한편으로는 솔직히 걱정도 되었다. 예전에 헬스클럽에 등록하고 한 달을 진득하게 다닌 적이 한 번도 없었기 때문이다. 이번에도 헬스센터에 그냥 회원비만 기부하는 게 아닌가 싶었다.

도움을 받으면 시작하기 쉬울 거라는 생각에서 퍼스널 트레이닝(PT)을 끊어서 시작하게 되었다. 이왕 하는 김에 목표가 있으면 좋을 것 같아서, 1년에 10킬로그램 감량과 함께 보디 프로필을 찍기로 마음먹었다. 여담이지만 나중에 퍼스널 트레이너에게 이런 말을 들었다.

"회원님, 사실 저 첫 상담에 회원님처럼 결의에 찬 눈으로 목표를 자신감 있게 말하는 사람은 회원님이 처음이라 얼마나 놀랐는지 몰라요. 한편으로 좀 무섭기도 했어요. 보통 일반 회원님들은 그렇지 않거든요."

그렇게 나의 '운동'이란 도전이 시작되었다.

일주일에 세 번은 꼭 참석했다. 내가 생각해도 독하게 했다. 거의 운동중독자가 되어버릴 정도로 말이다.

지금 다시 하라면 할 수 있을까 싶을 정도였다. 심지어 인터넷 강의 촬영이 늦게 끝난 저녁 9시에도 예전 같으면 녹초가 된 몸을 바로 침대에 눕혔겠지만, 이미 몸은 기억하고 있었다. 하루라도 가지 않으면 몸이 찌뿌둥해질 자신을 말이다. 시간이 남을 때 운동하는 것이 아니라 하루에 운동할 시간을 꼭 만들어서 했다.

주중에는 강의 끝나고 나서, 주말에는 새벽부터 남산에 가서 공복 유산소운동을 꼭 했다.

그 작은 습관이 나의 루틴이 되어 10년이 지난 지금까지 이어지고 있다. 사실 운동을 하기 전까지 나의 삶은 악순환의 반복이었다. 스트레스를 받으니 몸에 안 좋은 음식을 더 먹었고, 몸은 더 게을러져 살이 찌다 보니 자존감이 낮아지는 지경에까지 이르렀고, 그로 인한 스트레스로 더 먹게 되었다.

운동 이후에는 신기하게도 채소나 과일과 같은 좋은 음식만 먹고 싶어졌고, 몸이 가벼워서 더 긍정적으로 활기차게 생활하게 되었다. 몸무게가 감량되면서 곧 뭐든지 해낼 수 있는 자신감도 생겼다. 단순히 건강을 찾기 위해 시작한 '운동'이라는 도전이 '건강'과 '자신감' 두 마리 토끼를 다 잡을 수 있는 계기를 만들어 준 것이다.

나는 그 최고의 순간을 놓치지 않기 위해 프로필 사진으로 기록해 남겨뒀다. 가끔 무언가를 도전하기 전에 마음이 약해질 때면 그때 찍었던 프로필 사진을 들춰보면서 나 자신에게 동기를 부여한다.

운동으로 몸이 도전의 성공을 기억하게 하라

운동만큼 쉽게 도전해서 빠른 성취감을 느끼게 해주는 것도 없다. 그래서 거창하게 말고, 작게나마 운동을 시작해볼 것을 권한다.

가까운 곳을 산책하거나 등산을 시작하는 것도 좋다. 등산을 해보면 알겠지만, 힘든 오르막을 지나고 결국 정상에 다다랐을 때의 성취감은 이루 말할 수 없다. 그 성취감을 잊지 않고 몸이 계속 기억하게 만드는 것이다.

달리기나 자전거처럼 운동을 30분 이상 하게 되면 소위 '러너스 하이(Runner's High)'라는 상태를 경험하게 된다. 일종의 헤로인이나 모르핀 같은 마약을 복용한 것과 비슷한 쾌감이라고 한다. 뇌에서 도파민이라는 호르몬이 분비되는데, 이 호르몬이 기분을 좋아지게 만들고, 육체적으로 정신적으로 면역력이 강화되어 질병과 스트레스에서 벗어날 수 있게 해준다.

많은 사람들이 운동을 좋아하고 계속하는 이유도 그런 기분을 느끼기 위해서라고 생각한다. 운동은 몸에 활력을 넘치게 하고 자신감을 주어, 앞으로 무슨 일을 하든 해낼 수 있다는 강한 의지를 생기게 한다.

나는 사실 스트레스가 심할 때나 갑자기 기분이 우울할 때는 몸을 가만두지 않고 평소보다 더 격렬하게 운동을 한다. 그러면 이내 스트레스와 우울함은 사라지고, 내 몸이 리프레쉬(refresh) 되어 언제 그랬냐는 듯이, 새로운 일을 다시 시작할 수 있는 에너지가 생긴다. 특히 아침에 일어나자마자 하는 운동이 큰 도움이 된다. 이처럼 운동이라는 도전을 통해 몸이 도전의 성공을 기억할 수 있게 해보자.

'나'라는 상품을 끊임없이 리뉴얼하라

지난 2~3년간 내 이력서에는 무엇이 추가되었는가?

"다이어트 성공, 다이어트 책 출간, TESOL 영어놀이 교사 자격증 취득, 1년 반 동안 라디오 생방송 DJ로 활약, 법인회사 설립, 일일드라마 출연, 줌바 강사 자격증 취득, 유튜브 채널 개설!"

위에 열거한 목록은 내가 좋아하는 방송인 안선영 씨가 지난 40개월 동안 해낸 일이다. 육아를 하면서 어떻게 이 모든 것을 다 해낼 수 있었을까? 도전의 화신인 그녀의 도전 정신과 열정이 정말 존경스럽다.

당신이 지금 이력서를 쓰게 된다면 지난 2~3년 전과 비교해서 추가되는 것에 어떤 것들이 있을까? 만약 지난 2~3년간 이력서에 추가할 만큼 새로운 일이 없다면 한 번쯤 생각해봐야 한다. 앞으로 2~3년 후의 나의 삶도 지금과 별반 다를 게 없을 것이기 때문이다. 내가 주도해서 사는 삶이 아니라 그냥 현상 유지하며 전혀 성장 없이 사는 대로 살아갈지도 모른다.

만약 20대라면 취업 준비로 이력서에 한 줄이라도 더 쓰기 위해 한창 공모전, 인턴십, 여러 가지 대외 활동 등으로 분주히 노력하고 도전하는 중일 것이다. 하지만 일단 취업이 된 후는 여러 가지 바쁘다는 핑계로 현실에 안주하며 더 이상 자기계발을 하지 않게 된다.

동서고금을 막론하고 늘 인간은 '어떻게 하면 더 나은 인간이 될까?'를 고민해왔다. 앞으로 사회가 더 복잡해지고 힘들어질수록 자기계발에 관한 관심은 더 커질 것이다. 서점에 가서 매달 자기계발에 관한 많은 책이 출간되는 것을 보더라도 알 수 있다. 현실에 주어진 삶을 충실히 사는 것도 중요하지만 세상이 어떻게 변화하는지, 내가 누구인지를 파악하고 거기에 맞춰 나의 잠재력을 깨워서 키워야 한다. 그것은 어느 누가 해주는 것이 아니라 오직 나만이 할 수 있는 일이다.

나에게 던지는 10가지 질문

자신을 업그레이드하기 위해서 한 번쯤은 자신의 인생에 대한 중간 점검을 해볼 필요가 있다. 다음 목록은 나에게 던지는 10가지 질문이다.

질문에 대한 답을 써 내려가다 보면, 막연하게 생각했던 나 자신에 대해 잘 알 수 있는 계기가 된다. 이 질문들에 답하면서 앞으로 어떻게 살아가야 할지, 어떠한 방향으로 갈지에 대한 나만의 로드맵을 만들 수 있다.

| 인생을 점검하기 위한 10가지 질문 |

1. 내 인생의 목표는 무엇인가?
2. 향후 5년 동안 5가지 계획을 말할 수 있는가?
3. 올해 달성할 구체적인 목표는 무엇인가?
4. 지난 3년간 내가 성취한 가장 큰 일과 기억에 남는 일은 무엇인가?
5. 나만의 전문 분야는 무엇인가?
6. 나는 언제 행복한가?
7. 나의 강점은 무엇인가?
8. 주위 사람들이 말하는 나의 장점은 무엇인가?
9. 내가 생각하는 내 삶의 가치는 무엇인가?
10. 내가 생각하는 나만의 무기는 무엇인가?

| 2020년 최고의 나 만들기 프로젝트 |

Be the best version of you	
가족	1. 부모님 한 달에 한번 찾아뵙기 2. 1년에 두 번 이상 가족여행 가기
건강	1. 건강검진 2. 3kg 체중 감량하기 3. 건강보조제 챙겨 먹기 4. 도수 치료 받기 5. 명상하기 6. 매일 6천 보 이상 걷기
경제/금융	1. 현금 ○○ 목표 2. 연봉 ○○ 목표 3. 매달 용돈 ○○으로 살기
일/사회활동	1. 자기계발서 저술 2. 토익 교재 저술 3. 영어 어휘책 저술 4. 영어 인터넷 강의 5. 동기부여 전문가 활동 6. 영어 재능 기부
도전	1. 서울 둘레길 완주 2. 발리 한 달 살기 3. 마일리지 세계일주 4. 독서 100권 5. 심리상담 자격증 6. 바리스타 자격증

나는 계획하는 것을 좋아한다. 하루, 일주일, 한 달, 1년, 향후 5년 단위로 계획을 세운다. '계획'은 전반적으로 내가 중요하게 생각하는 것인 가족, 건강, 경제와 금융, 일과 사회활동, 도전의

2013년 계획

2019년 비전보드

5가지 영역으로 나눠서 구분해서 적어놓는다. 156쪽에 나온 표는 2020년에 세운 내 계획이다.

새해마다 계획하는 '연간 계획'은 '2013년 계획'에서 보듯 도표로 작성하기도 하지만, 오른쪽 '비전보드(Vision Board)'처럼 사진 모음집의 형태로도 만든다. 이런 방식으로 시각화해놓으면 노트북 배경화면이나 핸드폰에 저장해놓고 틈날 때마다 들여다볼 수 있어 좋다.

이 방법은 자기계발서에서 추천해준 대로 무심코 실천하기 시작했던 것이다. 처음 시작할 때만 하더라도 이것이 실제로 정말 이루어질까 살짝 의심했던 것도 사실이다. 하지만 놀랍게도, 시간이 흘러 지금 보니 내가 계획하고 목표했던 것들을 대부분이뤘다. 특히 연봉 부분은 원래 계획했던 시기보다 더 일찍 목표치에 도달했고 예상했던 목표액보다 더 많이 받게 되었다. 물론 목표치를 적게 설정한 덕분에 쉽게 도달할 수 있었다.

무의식이란 세계는 참으로 무섭다. 내가 비전보드를 통해서 구체화하고 가시화해서 생각했던 것이 너무 강하다 보니 심지어 내가 깊게 깨닫지 못하고 있을 때조차 나 자신을 목표를 향해 계속 밀어붙이고 있었던 것이다.

인생의 바닥이 이력서에 한 줄 추가하는 적기다

경제 분야에서 경기순환을 이야기할 때 V자 곡선을 많이 이야기한다. 경기가 어려울 때 저점을 찍고 경기가 회복되어 반등하는 모습을 설명하는 것으로 이처럼 우리의 인생도 바닥을 치고 반등하는 시기가 있다. 물론, 누군가는 L자형처럼 바닥에서 탈출할 기미를 보이지 않고 그 상태에서 계속 머물러 가는 사람도 있을 것이다.

2012년이 나에게는 바닥이었다. 안팎으로 힘든 때였다. 토익 강사를 그만둬야 하나 할 정도로 토익 강의 시장도 좋지 않아 새로운 직업으로 바꿔야 할지에 대한 고민을 했다. 또한 어머니의 갑작스러운 병환과 믿었던 친척들로부터의 소송 등으로 가족들이 심적으로 많이 힘들었던 시기였다.

하지만 그냥 주저앉을 수는 없었다. 나의 로드맵을 다시 그렸고, 어떻게 하면 극복할 수 있는지를 찾기 위해 책도 많이 읽고 계획을 세우면서 점차 나 자신에게 희망을 불어넣기로 했다. 위기가 기회라고 했다. 그때 읽었던 책과 나만의 계획 등을 바탕으로 2013년에는 내 인생의 저점을 찍고 일어설 수 있었다.

만약 내가 그냥 포기하고 있었다면 지금의 시기는 절대 있을 수 없을 것이다. 하지만 나는 되든 안 되든 '2013년 계획'을 담은 다이어그램에서 보듯이 2013년에 내가 희망하는 목표와 계획을 세웠고, 시간이 지난 지금 그 계획을 거의 다 이뤘다.

인생의 저점을 치고 있을 때 어떤 마음가짐으로 어떻게 준비를 하느냐에 따라 탄력을 받고 높이 치고 올라가느냐 그대로 머무느냐가 좌우된다. 그 변화의 시간 동안, 자기 자신에 대한 재점검이 필요하다. 이 저점의 시기는 반등하고 힘차게 치고 올라갈 수 있는 에너지를 충전할 수 있는 시간이기도 하다. 혹시 지금이 가장 힘든 시기라고 생각한다면 나라는 상품을 업그레이드할 수 있는 가장 최고의 적기임에 틀림없다.

독서로 미래에 도전하라

당신의 한 달 독서량은 얼마나 되는가?

2015년 국제연합(UN) 발표에 따르면 한국인의 독서량은 국제연합 회원국 192개국 중 166위로 하위권에 머물렀다. 한 달 평균 독서량이 0.8권에 그친 것이다. 그렇다면 2020년 지금 현재 상황은 달라졌을까?

한 신문기자의 글이 떠오른다. 발리 여행을 갔는데, 호텔 지배인이 투수객의 가방에 담긴 짐만 보고도 어느 나라에서 온 여행객인지 맞힐 수 있다고 장담했다고 한다. 특히 한국인 여행객들에게는 책이 없다는 것이 그 근거였다. 한국인들이 책을 읽는 모습을 좀처럼 볼 수 없어서 나온 이야기였다. 그 이야기에 덧붙여 지배인이 물어봤다고 한다.

"한국인은 평소에 책을 많이 읽고, 휴가 때는 쉬는 데만 집중하는 것입니까?"

많은 생각을 하게 하는 글이다. 실제로 나도 비슷한 경험을 작년 베트남 다낭에서 겪었다. 나는 여행을 갈 때면 늘 책을 들고 간다. 익숙한 장소인 집이나 커피숍이 아닌 비행기나 기차 안, 해변가 같은 특별한 곳에서 독서하는 묘미가 있다. 책을 읽을 당시의 나의 심리 상태, 책을 읽는 장소, 그 장소가 주는 분위기에 따라 느낌과 깨달음이 각기 다르다.

그날도 여지없이 아침에 일어나 공복 유산소운동을 하고 간단하게 조식을 먹으며 호텔 주변을 걷다가 수영장에서 태닝을 하면서 책을 읽고 있는데, 뭔가 느낌이 이상했다. 주위를 둘러보니 선베드에 누워서 책을 읽는 사람들이 다 외국인이었다. 사람마다 여행의 목적이 다르겠지만, 어쨌든 그들은 책을 늘 가까이 한다는 것을 느낀 하루였다.

그렇다면 그들은 왜 독서를 하는 것일까? 독서가 주는 효과는 무엇일까?

독서로 미래를 디자인하라

5년 후, 10년 후의 한 사람의 모습이 궁금하다면 그 사람이 어디에 집중하고 있는지를 보면 알 수 있다. 특히 그 사람이 만나고 있는 사람과 읽는 책을 보면 그 사람의 미래를 알 수 있다. 이 2가지 자산이 미래에 지대한 영향을 미치기 때문이다.

이 글을 쓰면서 나의 5년 전이 궁금해졌다. 나는 그때 무슨 책을 읽었던가. 나는 늘 독서 후 독후감으로 독서 노트를 만들기 때문에 쉽게 찾을 수 있었다. 이 독서 노트가 모여 또 하나의 나만의 책이 되어 힘들 때마다 꺼내보면 큰 도움이 된다. 내 독서 노트를 만드는 방법을 잠깐 소개하자면, 다음과 같다.

올해 읽은 책 번호와 책 제목, 저자, 출판사를 기록한다. 제일 중요한 것은 언제 읽었는지 날짜를 적으면 나중에 돌이켜봤을 때 내가 그때 어떤 생각으로 책을 읽었다는 것을 알 수 있다. 사실 책을 다 읽고 나더라도 기억이 다 안 날 수 있으므로 내가 읽기 전에 이 책을 선택하게 된 이유와 내가 이 책에서 기대하는 부분을 적는다. 그리고 책을 읽은 후에는 나에게 적용할 수 있는 부분과 인상적인 구절과 내 생각을 정리한다.

독서 노트를 꺼내보면서 그때 당시에 어떤 고민과 어떤 것에 집중을 했는지를 알 수 있었다. 놀랍게도 책을 읽으면서 써 내

| 독서 노트 |

책 번호/제목	#8/ 고요할수록 밝아지는 것들	저자	혜민 스님
출판사	수오서재	읽은 날짜	2019년 2월 26일
Before Reading	이 책에서 얻고자 했던 것은?		
우울함과 자존감을 극복할 수 있는 방법을 찾고 싶다.			
After Reading	이 책에서 얻은 것은?		
1. 나에게 집중하는 시간을 더 가지고, 좀 더 넓게 삶을 감상하는 법을 생각하자. 2. 외로움에 관한 새로운 관점을 가지게 되다.			
Page	인상적인 구절		
○○쪽	삶이 바쁘고 힘들수록 나에게 고요함이라는 특별한 선물을 주세요. 하던 일을 잠시 멈추고 눈을 감고, 몸이 지금 어떻게 느끼는지, 마음이 지금 어떤 말을 하는지 한 발짝 떨어져서 거울처럼 비춰보세요.		
○○쪽	마음이 고요해졌을 때 그 고요의 힘으로 지금 상황과 내 마음을 천천히 살펴보세요. 이 일을 내가 계속해야만 하는지 어느 방향으로 가는 것이 옳은지 내가 진정으로 원하는 것은 무엇인지 고요 속의 지혜가 내게 답을 줄 것입니다.		

려갔던 노트에는 내가 5년 전에 생각했던 모습 그대로의 지금의 '나'가 있었다. 주로 도전과 성공에 관련된 자기계발 분야서 책이 거의 70퍼센트를 차지했고, 나머지는 영어 교육에 관련된 책들이었다. 책을 읽는다고 해서 다 잘되는 것은 아니겠지만, 적어도 읽은 책에서 나오는 내용을 실천에 옮겨보고 도전해봤기에 그나마 가능한 일이었다는 생각이 들었다.

책 속에 모든 해답이 있다

나는 적어도 한 달에 한두 번은 서점에 꼭 간다. 서점에 가면 왠지 가슴이 두근거린다. 마치 소개팅 나가기 전에 누가 나올지 궁금해하며 설레는 상태라고 해야 할까? 다른 세상으로 가는 또 다른 문이 열리는 느낌이다. 이번에는 어떤 책이 나의 운명을 바꿀지, 어떤 영감을 줄지와 같은 기대가 있다. 책의 가장 좋은 점은 내가 원하고자 하는 답이 거기에 다 있다는 것이다. 운이 좋다면 책 한 권에서 그 해답을 찾는 경우도 있지만, 그렇지 못하다면 여러 권의 책을 통해서 해답 그 이상의 것을 발견하기도 한다.

특히 최근에 심적으로 힘들었을 때 읽고 도움이 되었던 책들을 소개하자면, 김창옥의 《지금까지 산 것처럼 앞으로도 살 건가요?》(수오서재, 2019), 《당신은 아무 일 없던 사람보다 강합니다》(수오서재, 2016), 유은정의 《혼자 잘해주고 상처받지 마라》(21세기북스, 2016) 그리고 류시화의 《좋은지 나쁜지 누가 아는가》(더숲, 2019), 혜민 스님의 《고요할수록 밝아지는 것들》 등이 있다.

힘든 마음을 달래려 선택했던 책들이 좌절, 실패, 우울, 위로 등과 같은 책이었는데, 꼬리에 꼬리를 물면서 책을 선택할 때 점차 희망, 꿈, 명상, 행복, 도전, 성공이라는 다른 분야로 영역이 확장되는 것을 보면서 나 자신도 참 놀랐다. 예전 같았으면 들여다보지도 않았던 분야에 대해 관심도 갖게 되어 세상을 보는 태도나 마음가짐이 달라졌기 때문이다.

무언가가 잘 안 풀리거나, 도전을 하고 싶은데 주저하거나 무엇을 도전해야 할지 모른다면 어쩌면 그것은 내가 아는 세상이 정말 협소하거나 아예 그런 세상이 존재한다는 것을 모르기 때문이 아닐까? 책을 통해 실로 엄청나게 다양한 세상이 있다는 것을 안다면 우리의 삶은 완전히 달라질 것이다.

독서는 가성비 갑

크게 성공한 사람들과 현명하고 지혜롭게 인생을 살아가는 사람들의 공통적 특징은 예외 없이 독서광들이라는 것이다. 독서는 예전에도 중요했고, 지금도 그렇지만 앞으로 그 중요성이 더해질 것이다. 기술과 물질이 3차 산업혁명 때까지 중요했다면, 앞으로 다가올 4차 산업혁명에서는 기계가 대체할 수 없는 영역, 즉 창의력, 상상력, 가치판단, 공감 능력이 중요해질 것이다. 앞으로 우리가 4차 산업혁명 시대에 살아남는 유일한 방법은 미래에 대한 통찰력을 키우면서 거기에 발맞춰 빨리 적응하는 것이다. 그것은 독서를 통해서 가능하다.

그런 면에서 독서의 영향력은 실로 막대하다. 독서를 통해 동서고금을 막론하고 훌륭한 성인과 위인들을 언제 어디서든 만날 수 있다. 보통 작가가 한 권의 책을 쓰기 위해 수십 권의 책을 읽고, 그것을 바탕으로 자기의 경험을 기술한다. 지금 이 책도 나의 인생과 내가 여태까지 읽었던 수백 권의 책이 녹아 있는 셈이다. 한 사람을 만나는 것도 실로 대단한 일이지만, 그 사람의 과거와 현재를 비롯해 그 사람의 미래에 대한 통찰력을 단 한 권의 책으로 배울 수 있다는 것이야말로 중요하다. 값어치를 매길 수 없을 만큼의 가치가 있는 것이다.

단돈 1만여 원의 책값으로 그것도 몇 시간 만에 저자가 살아온 수십 년 인생을 만나고 경험할 수 있는 것만큼 가성비 갑인 것이 이 세상에 또 있을까?

혼자서 모든 것을 깨닫고 경험을 하기에 인생은 너무 짧고 유한하다. 책을 통해서 간접 경험을 해야 하는 이유가 바로 거기에 있다. 책을 읽으며 강제로 동기를 부여하고 자극을 주는 것이다. 내가 독서를 좋아하는 또 다른 이유는 넓은 시야를 갖게 해주고 생각을 넓혀주기도 하지만, 독서를 통해서 다른 사람을 이해할 수 있는 공감 능력과 겸손을 배울 수 있기 때문이다. 책을 읽으면 나보다 잘난 사람이 이 세상에는 너무 많다는 것을 알게 되면서 저절로 몸을 낮출 수밖에 없다. 또한 남의 이야기에 귀 기울여 듣고 읽는다는 것은 이미 타인에 대해 이해할 수 있고 공감할 수 있는 여유를 가졌다는 뜻이기도 하다.

전안나 저자는 이렇게 말했다.

> '거인의 어깨에 올라 더 넓은 세상을 바라보라'는 뉴턴의 말처럼, 책을 읽는다는 건, 거인의 어깨에 오르는 것이며, 앞서 살았던 사람들의 지혜를 읽고 공유함으로써 세상을 더 넓게 바라볼 수 있는 시야를 얻는 것이다.
>
> — **전안나, 《1천 권 독서법》** (다산4.0, 2017)

어쩌면, 앞으로 불투명한 시기를 우리가 잘 살아가는 방법은 거인을 얼마나 빨리, 많이 찾아낼 수 있느냐의 싸움일 것이며, 그것은 오직 독서를 통해서 이뤄질 것이다.

책 쓰기로 인생의 터닝 포인트에 도전하라

내가 책을 쓰는 이유

100세까지 산다면 적어도 최소한 두세 번의 인생을 살아야 한다. 아무런 계획 없이 등 떠밀려 그다음 인생을 맞이하는 사람들도 있을 것이며, 목표를 설정하고 끊임없이 도전해가며 여태까지 살아온 인생과는 전혀 다른 새로운 인생을 위해 준비하고 도약하는 사람들도 있을 것이다. 내가 이 책을 집필하는 가장 큰 이유도 바로 후자처럼 살고 싶기 때문이다.

20대 시절, 나는 마흔이 되면 책을 꼭 두 권 이상을 내리라고 다짐했다. 내 분야에 대해 전문적으로 쓴 책과 인생 하프타임에 인생을 중간 정리할 수 있는 책을 내고 싶었다.

굳이 마흔이라고 정한 것은 그 나이라면 한 분야에서 프로가 되어 있을 것이고, 어느 정도 인생에 대해 논할 수 있지 않을까 하는 생각 때문이었다.

운 좋게도 계획했던 것보다 일찍 내 분야에 대한 토익 책들을 여러 권 출판하게 되었고, 토익을 공부하는 학생들 사이에서 꽤 유명한 토익 교재가 되었다.

두 번째 '인생'에 관한 책은 지금 쓰고 있는 이 책이다.

제2의 인생으로 도약하기 위해 준비해야 하는 이 시점에서 나에게 무엇보다 가장 필요한 책이 도전에 관련된 책이다. 그런 상황에서 내가 도전을 논하고 있는 것은 아이러니하다.

하지만 그 덕분에 내가 했던 도전들을 돌이켜보게 되었고, 도전에 관련된 수많은 책을 읽으면서 나 스스로 공부를 많이 하게 되었다. 결국 이 책의 가장 큰 수혜자는 내가 된 것이다. 책을 쓰면서 지난 몇 년간 읽었던 책보다 책을 집필하면서 몇 달 동안 읽었던 책이 더 많았다.

책 쓰기는 나를 찾아가는 여행이다

책을 쓰는 것은 사실 쉽지 않다. 글을 쓰는 내내 매일매일이 도전이었다. 이 세상에 책을 쓴 모든 저자들에게 정말 존경을 표한다. 나의 경우는 바쁜 강의 스케줄 속에 '과연 잘 쓸 수 있을까? 어떻게 쓰지?' 등의 수많은 질문과 맞닥뜨려야 했고, '내가 대단한 사람도 아닌데 책을 쓰는 게 과연 잘하는 일인가?'라는 두려움과 불안이 엄습했다. 책을 쓰는 동안 줄곧 나 자신과의 싸움이 벌어졌다.

꾸준하게 글을 쓰면서 막연하게 느꼈던 두려움이라는 감정들은 활자로 표현되면서 점차 극복할 수 있게 되었다. 한 꼭지씩 완성될 때마다 느끼는 희열은 이루 말할 수 없었다. 끝날 것 같지 않았던 책 쓰기라는 도전이 점차 눈앞에서 하나의 결과물로서 실체화되는 것을 보면서, 앞으로 삶에서 어려움이 있더라도 기꺼이 받아들이고 헤쳐나갈 수 있는 힘이 생겼다.

책을 쓰다 보면 진정한 나 자신과 조우하게 된다. 평소에 생각하지 못했던 나의 가치관, 나의 강점, 내가 부족한 점에 대해 객관적으로 보게 된다. 앞으로 어떻게 살아야 할지에 대한 목표를 더욱 명확하게 해준다.

사실 어떻게 보면 독서보다 더 중요한 게 글쓰기인지 모른다. 끊임없이 글을 쓰는 과정에서 사고하고 또 정리하면서 내 인생에 영향을 주기 때문에 어떠한 자기계발서보다도 더 효과가 크다.

사촌오빠인 소설가 김연수 작가는 인터뷰에서 “글을 쓰면서 좀 더 나은 인간이 되어가고 있다는 것을 느꼈다”고 했다.

나도 그 점에 동감한다. 매일매일 글쓰기에 도전하면서 하나씩 성취해나가는 나를 보며 세상을 바라보는 눈, 사고 등에서 조금씩 성장하고 있다는 것을 느꼈다. 내가 남들보다 뭔가를 많이 알아서 책을 쓰는 게 아니라, 쓰면서 나 자신도 같이 성장하고 있다는 것을 알게 된 것이다. 그런 점에서 책 쓰기에 꼭 한 번쯤은 도전해볼 필요가 있다.

책 쓰기로 인생의 터닝 포인트를 만들어라

우리 모두 이전보다는 더 나은 인생을 살고 싶어 한다. 한 번쯤은 중간 점검 차원에서 내가 어떻게 살아왔으며, 앞으로 어떻게 살 것이며, 나만의 차별화된 무기는 무엇인지를 점검할 필요가 있다.

앞으로 다가올 4차 산업혁명 시대에는 ‘나만의 콘텐츠’가 강력한 무기가 될 것이다. 그 ‘콘텐츠’라는 무기를 가지고 자기를 브랜딩화할 수 있는 사람에게 부를 축적하는 새로운 패러다임이

열릴 것이다.

또한 굳이 내가 직접 일을 하고 전국 혹은 전 세계를 돌아다니지 않더라도 나만의 '콘텐츠'가 나를 대신해서 일을 하며, 때로는 명함이 따로 필요 없이 책 한 권으로 나를 홍보하고 또 수익도 올리는 세상이 올 것이다.

콘텐츠의 힘에 대해서는 《부의 추월차선》이란 책에도 잘 나와 있다. 저자 엠제이 드마코는 자신의 저서에서 부를 창출하는 5가지 추월차선 사업 중 하나로 '콘텐츠 시스템'을 이야기한다. 정보를 활용하는 시스템의 한 예가 '책 쓰기'다.

그는 책을 쓰는 데 시간이 오래 걸릴 수도 있지만, 그 콘텐츠가 여러 번에 걸쳐 판매되고 판매가 이루어질 때마다 투자 시간 대비 소득이 늘어나는 효율성이 증가해, 책 쓰기가 결국 사업 아이템이 되고 막대한 부를 축적할 수 있다고 이야기한다.

대표적인 콘텐츠 사례로 작가 조앤 K. 롤링(Joanne K. Rowling)의 《해리포터》를 들 수 있다. 해리포터 시리즈는 전 세계 수십 개국 언어로 번역되었고, 200여 개 나라에서 출간되었다. 총 판매된 책은 4억 권으로 역사상 성경책 다음으로 많이 팔린 베스트셀러가 되었다.

지금이라도 인생을 중간 점검하는 하프타임 책을 써보자. 자기와 마주하는 시간이 많아질수록 우리는 성장하고 인생이 풍요로워질 수 있다. 책을 쓰다 보면 자신이 무엇을 모르는지, 내가 앞으로 어떻게 살며, 무엇을 더 알아야 하는지 명확해진다.

자신의 분야를 책으로 써서 전문성을 확보한다면 앞으로 다가올 제2의 인생에 대비할 수도 있다. 앞으로 나는 매년 책을 한 권씩 내는 도전을 계속할 것이다. 각 분야를 두루두루 섭렵하고 공부해서 앞으로 많이 성장할 나를 기대한다.

영어로 자기만의 무기를 만들어라

영어 공부, 왜 해야 할까?

사교육 시장에서 가장 많이 투자하는 분야가 영어 교육이다. 새해 계획 중 늘 상위권에 포진하고 있는 것도 영어 공부다. 초등학교부터 성인이 된 지금도 우리는 '영어'로부터 결코 자유로울 수 없다. 물론 영어를 못해도 먹고사는 데는 지장이 없다. 하지만 새해 계획에 영어 공부가 빠지지 않는 이유가 무엇일까? 많은 사람들이 적지 않은 돈을 투자하고 매번 도전 리스트에 영어 공부를 넣는 이유가 무엇일까? 영어를 잘하면 뭐가 좋은 것일까? 여러 가지 이유가 있을 것이다. 초중고 학생들과 대학생들에게 그 이유를 묻는다면, 단연코 첫 번째 이유는 입시와 취업 때문이라고 대답할 것이다.

예전에 명문대의 한 학장인 교수님이 내 수업을 들은 적이 있다. 토익 성적이 필요 없는 분이었다. 교수님이 내 수업을 듣는 것에 대한 부담감이 있기도 했고, 더욱이 토익 성적이 필요 없는 분이어서 의아했다. 조심스럽게 수강 계기를 물어보니, 영어로 논문을 더 잘 쓰기 위해 문장구조나 쓰임 등을 알고 싶다고 했다. 그렇다면 영작문 수업을 들으라고 추천했지만, 교수님은 한사코 내 수업을 들었다.

육아를 하며 회사에 다니느라 굉장히 바쁜 직장인이 새벽반에 등록을 했다. 개강날 으레 묻는 수강 계기에서 자신의 딸에게 영어를 직접 가르치기 위해 내 수업을 듣게 되었다고 했다.

이처럼 여러 가지 이유로 영어 공부를 시작하겠지만, 내가 생각하는 영어 공부는 '세상과의 연결'이다. 방대하게 쏟아지는 정보의 홍수 속에서 누가 많은 정보를 보다 빠르게 많이 받아들이느냐가 관건인 시대다. 또한 영어는 더 넓은 세상을 볼 수 있는 수단, 내가 알고 있는 지식을 다른 세상의 사람들에게 전할 수 있는 수단, 서로 말이 통하지 않는 사람들을 연결할 수 있는 매개체다. 그리고 영어를 잘하면 자기계발의 측면에서 보다 더 많은 기회가 주어진다.

영어를 함으로써 내가 받은 혜택이 참 많다. 해외 어디로 여행을 가든 별 어려움 없이 의사소통이 가능하고, 읽고 싶은 영어로 된 작가의 책을 읽을 수 있으며, 유명한 강연자들의 강연을 통역 없이 들을 수 있고, 세계 저편에서 일어나고 있는 일들을 CNN, BBC, 인터넷 등으로 접할 수 있다. 또 넷플릭스(Netflix)에서 보고 싶은 영화를 자막 없이 볼 수도 있다.

당신이 영어를 잘 못하는 4가지 이유

많은 시간과 돈을 투자했는데도 왜 우리는 매번 영어 공부에 실패하는 것일까? 내가 보기에 그 이유는 대략 4가지로 나뉜다.

첫째, '영포자'들은 영어에 대한 두려움이 있다.

나는 어렸을 때 영어에 대해 안 좋았던 기억으로 일찌감치 영어를 포기하고 살다가 온 학생들, 소위 영포자들을 종종 만난다. 영어 조기교육으로 인해 영어에 대한 흥미를 잃어버렸거나 학창시절 영어 수업 시간에 창피를 당한 기억, 영어 선생님에 대한 안 좋은 기억 등으로 영어를 포기한 이들이다. 이들은 주로 끝까지 영어를 하지 않으려고 버티다가 결국 취업이라는 문턱 앞에서 나를 찾아와 토익을 공부한 경우가 많다.

이런 영포자들에게는 어떤 트라우마 때문에 영어가 싫어졌는지 그 원인을 찾아 해결해주면 된다. 거의 대부분은 흥미와 보상이 부족한 탓이다. 영어에 대한 두려움으로 흥미를 잃어버리고, 영어는 아무리 공부해도 성과가 나오지 않는다는 부정적인 경험 때문에 영어를 포기한 것이다.

나는 그런 영포자들을 위해 수업시간에 무엇보다 지루했던 문법을 재미있게, 나만의 어록 암기법으로 목소리를 높게 혹은 낮게 해서 토익 수업이 끝나고 별도로 공부하지 않아도 내 음성이 시험장뿐만 아니라 평소에도 기억나게끔 수업을 진행한다. 일명 음성이 지원되는 수업이다.

내 수업을 들은 후 영포자 학생들은 영어가 좋아져서 토익 성적이 잘 나오게 되었다고 감사 인사를 해온다. 그들은 무조건적으로 암기하는 것이 아니라 왜 이렇게 영어를 쓰고 영어 시험 문제가 이렇게 나오는지를 이해하게 되었으며, 영어에 대한 흥미와 두려움이 사라졌다고 했다. 무엇보다 자신이 영어를 알고 쓸 수 있게 되어서 좋았고, 영어 공부가 토익 점수로 환산되어 가시적인 성과를 볼 수 있어서 더욱 좋았다고 했다.

둘째, 영어를 공부하는 목표가 없다.

사실 영어 공부는 시험 영어가 아니고서야 웬만한 목표와 의지가 없으면 해도 그만 안 해도 그만이다. 사는 데 크게 지장이 없기 때문이다. 그래서 매번 계획해서 도전하고, 중도 포기하고 또 도전하는지 모른다.

내 수업에서도 토익 공부의 목표를 물으면, 단순하게 '영어 향상'이라고 말하는 이들이 있다. 영어 향상이란 어느 정도를 이야기하는지 굉장히 주관적이고 애매하다. 그럴 경우, 나는 그들에게 목표를 설정하고 다시 오라고 한다. 절실함이 없으면 영어 공부는 힘들다. 설사 절실함이 있다 하더라도 중도에 포기하는 경우도 있기 때문에, 확실한 목표가 없으면 영어 공부를 꾸준히 지속하기 힘들다. 그리고 영어를 잘한다는 것에 대한 기준도 사람마다 굉장히 주관적이다. 목표가 없다면, 시험 영어인 토익, 토익 스피킹, 오픽처럼 점수가 나오는 것을 동기부여의 목표로 삼아 영어를 시작하는 것도 한 가지 방법이다.

셋째, 조급하게 단시간에 공부를 끝내려고 한다.

내 토익 강의를 듣는 학생들의 경우, 2주만 공부하고 900점이 넘거나, 한 달 들었는데 590점에서 910점으로 성적이 상승하는 등 최단기간에 인생 고득점을 받은 이들이 많다. 하지만 그런 경우는 전반적인 영어 향상이라기보다 영어 중에서 비즈니스 영어인 토익 영어에서의 향상을 말하는 것이다. 만약 토플을 공부하는 사람이라면 아카데믹 부분에서의 영어 향상을 기대할 수 있다.

우리의 최종 영어 공부의 목적지는 궁극적으로 자신이 말하고자 하는 바를 막힘 없이 전달할 수 있는 영어 구사력을 위한 공부이기에, 끊임없이 꾸준히 장기적인 관점으로 해야 한다. 영어를 가르치는 나도 평소에 토익 이외에 영화나 미드를 비롯해 여러 영어 환경에 의도적으로 노출되도록 끊임없이 노력한다. 영어 공부는 끝이 없다. 그러므로 단기간에 끝내려는 마음부터 버려야 한다.

넷째, 될 때까지 하는 꾸준함이 없다.

모든 습관이 그러하듯이, 자리 잡기까지 흔히 우리가 말하는 임계점을 넘어야 한다. 나는 그 임계점의 첫 시작을 2주로 본다. 2주를 꾸준히 한다면, 그다음은 습관이 되어서 계속할 수 있는 초석을 만들 수 있다. 처음 2주가 가장 중요한 시기다. 하지만 앞으로 잘될 것만 같은 영어 공부에 또 한 번의 고비가 찾아온다. 바로 슬럼프다. 모든 일에는 반드시 슬럼프가 찾아온다.

영어 공부도 내 공부 대비 실력이 향상되는 정비례 관계의 그래프가 아니라, 계단식으로 실력이 향상된다. 다음 한 단계로의 상승을 앞두고 분명 정체기가 온다. 이 정체기를 얼마나 잘 버티느냐에 따라 영어를 꾸준하게 할 수 있느냐 없느냐가 좌우된다. 이 정체기 지점만 잘 넘기면 그다음에는 크나큰 성장이 기다리고 있다. 즉 영어 향상이다. 이 중요한 계단의 꼭짓점에서 자신을 다독일 수 있는 마음가짐이나 흥미를 잃지 않게 잠시 쉬어갈 수 있는 휴식이 필요하다.

또는 동기부여를 계속해서 불러일으켜줄 사람이 필요하다. 그 사람은 선생님이 될 수도 있고, 먼저 공부를 한 선배일 수도 있고, 책이 될 수도 있다. 우리는 그 한 단계를 점프할 수 있는 목전에서 늘 포기한다. 모든 일이 그러하듯, 특히 영어를 공부할 때는 임계점을 넘고 슬럼프를 뛰어넘을 수 있는 꾸준함이 필요하다.

반드시 해야 할 가치 있는 도전, 영어 공부

인생을 살면서 도전할 수 있는 일엔 여러 가지가 있겠지만, 도전 중에서도 성취감이 가장 크고 오래가는 것 중 하나는 언어를 공부하는 일일 것이다. 어쩌면 나는 영어 공부를 하는 과정에서 모든 일에 대한 도전 정신을 배웠는지 모른다.

영어 공부에는 우리가 도전할 때 갖춰야 할 모든 요소들이 다 있다. 나의 경우는 운 좋게도 별 두려움 없이 재미로 영어를 시작했지만, 슬럼프를 벗어나느라 굉장히 힘들었으며, 중도에 포기하지 않고 슬럼프를 이겨내고 꾸준히 해서 영어를 잘하게 되었다. 영어를 해내니 그다음으로 일어와 스페인어 등에 대한 도전으로 이어졌고, 다른 언어에 도전할 때는 영어를 공부할 때보다 더 수월하게 공부할 수 있었다. 모든 일이 그러하듯, 처음 한 번이 힘들었고 그다음부터는 쉬워졌다.

나는 현장에서 많은 영포자 학생들이 수업을 듣고 영어에 대한 흥미를 얻고 자신감을 갖게 되는 과정을 수도 없이 목격한 바 있다. 그 자신감은 다른 도전으로 자연스럽게 옮겨가 자기 자존감을 상승시켜 뭐든 잘해낼 수 있는 힘을 만들어낸다. 나는 이 책을 읽는 여러분들이 그 도전의 첫 시작으로 영어 공부에 도전을 했으면 좋겠다.

"There are no great people in this world. Only great challenges which ordinary people rise to meet(이 세상에 위대한 사람은 없다. 단지 평범한 사람들이 일어나 맞서는 위대한 도전만이 있을 뿐이다)."

— 제2차 세계대전 때 미 해군 제독 윌리엄 프레더릭 홀시(William Frederick Halsey, Jr.)

4장

인생을 바꾼 도전에 성공한 사람들

나의 콤플렉스에서 업이 된 영어

영어는 나의 '업'이자 '콤플렉스'

"언제부터 영어를 그렇게 잘하셨어요?"

내가 영어 강사라는 것을 알고 나면 사람들이 가장 많이 묻는 질문이다. 사실 영어는 내 '업'인 동시에 '콤플렉스'이기도 하다. 대학교 때 가장 듣기 싫었던 질문 중 하나가 "전공이 뭐예요?"였다. 영어영문학을 전공하는 사람들은 알겠지만, 영어가 전공이라고 말하면 뒤이어 나오는 말은 "그럼 영어 잘하겠네요"라는 대답이다. 그러고는 어디 영어를 얼마나 잘하는지 두고 보자 하는 표정으로 나를 지켜본다. 그 이후로 영어는 나에게 한동안 트라우마로 자리 잡았다.

한때는 내가 영어를 제일 잘하는 줄 알고 시건방지게 학부 시절 통사론을 전공한 교수님과 논쟁을 벌인 적도 있다. 지금 생각하면 너무 부끄러운 일이지만 무식한 만큼 용감했다. 지금 그 생각을 하면 쥐구멍에라도 숨고 싶은 심정이다. 그 이후로 나는 늘 부족하다고 느끼기에 영어를 업으로 가르치는 강사로서 연구를 게을리할 수 없다. 매달 교재 연구를 해야 하고, 효과적인 교수법을 늘 생각해야 한다.

나보다 영어를 잘하는 이들이 너무나 많기 때문에, 이 세상에서 영어를 제일 잘하는 사람이라고 생각하지 않는다. 하지만 하나 자부할 수 있는 것은 영어만큼은 어느 누구보다 잘 가르치고, 토익만큼은 무슨 일이 있어도 인생 역대 최고의 점수를 그것도 최단기간 안에 올릴 수 있게 만들 자신이 있다.

영어에 점차 빠지다

내가 영어에 빠지게 된 것은 초등학교 때부터였다. 그때만 해도 대부분의 또래 친구들은 중학교에 들어가서 영어를 배웠다. 나는 열성적인 엄마의 교육열 덕분에 초등학교 3학년 때부터 영어 공부를 시작했다. 나름 조기 교육을 받은 셈이다.

엄밀히 말하면, 영어 공부가 아니라 영어라는 세상에 뛰어든 것이다. 그도 그럴 것이, 유치원 교사였던 엄마는 내가 영어를 자연스럽게 공부하기를 원했던 것 같다. 그래서 두꺼운 영어책 대신 영어 동화 테이프를 사와 내게 들려주었는데, 나는 그 테이프가 너무나도 신기한 나머지 하도 많이 들어서 테이프가 늘어지기까지 했다. 카세트테이프에서 흘러나오는 영어 동화 이야기는 무슨 말인지 몰랐으나 그것이 오히려 어린 나에게는 신선한 충격을 주었다. 우리나라 말과는 다른 언어인데 왠지 신기하고 근사하게 들렸고, 무슨 말인지도 모르면서 막 따라 했던 것 같다. 한참 팝송에 빠져서 늘 따라 부르고 가사를 해석하던 당시 중고등학생이었던 친언니들의 모습도 영어에 대한 호기심을 자극하는 데 한몫했다.

지금 생각하면, 언어를 공부할 때 가장 중요한 것이 언어에 대한 노출 환경을 만드는 것인데, 나는 그때 자연스럽게 영어 환경 속에서 살았다. 그 이후 영어에 흥미를 느껴 초등학교 때 영어 웅변대회에서 학교 대표로 입상을 했고, 중학교 때는 영어 연극 대회도 나갈 만큼 영어에 푹 빠졌다. 그때부터 나는 사람들 앞에 서는 걸 좋아하는 무대 체질이었던 것 같다. 그 덕분에 훗날 영어를 본격적으로 배우기 시작했을 때 남들보다 영어를 부담감 없이 시작하고, 더 빠르게 실력이 늘 수 있었다.

결정적으로 영어를 정말로 잘하고 싶다는 생각이 들게 된 계기는 걸프전으로 세계가 시끄러웠던 1991년도였다. 걸프전 소식을 전하는 뉴스에서 등장한 동시 통역사의 모습을 보고 매력을 느꼈다.

'어떻게 영어를 바로바로 들으면서 한국말로 동시에 이야기할 수 있지?'

그때부터 세계를 누비며 영어를 유창하게 하는 사람이 되겠다는 꿈을 키우게 되었다.

진정한 인생의 스승을 만나다

대학에서 영어영문학을 전공하면서 욕심이 생겼다. 정말 전국에 손꼽힐 정도로 제대로 영어를 잘하고 싶었다. 그즈음 나의 꿈에 더 가까이 가게 만들어준 분을 운명처럼 만났다. 친언니의 소개로 영어계 재야의 고수로 통하는 부산의 K 선생님을 만난 것이다. 오직 지인 추천만으로 만날 수 있는 분이었다.

선생님은 스파르타식 교육법으로 유명했고, 선생님의 교육철학 덕분인지 그 학원에 다니는 학생들은 하나같이 예의도 바르고 자신감에 넘쳤다. 거기서는 영어 공부뿐만 아니라 한자와 라틴어 어원도 같이 공부할 수 있었다. 대학교에서 비싼 등록금을 내고 배웠던 것보다 짧은 기간 선생님에게 배웠던 음운론, 통사론 등은 강의를 하고 있는 지금도 내가 활용하고 있으니 나의 영어에 대한 전체적 지식은 선생님으로부터 나왔다고 해도 과언이 아니다.

사실 맨 처음 언니의 소개로 간 학원 풍경에 적지 않게 놀랐다. 여느 학원과는 달리 무슨 사이비종교의 광신도들처럼 학원에서 조용하게 공부하는 학생들이 한 명도 없었다. 다들 입으로 어휘를 미친 듯이 소리 내어 암기하는 것이었다. 언어는 눈으로 공부하는 것이 아니라 입으로 공부한다는 것을 몸소 실천하는 광경이었다. 나도 그 분위기에 동화되어, 입 밖으로 소리 내어 공부를 한 탓에 15년 동안 하루에 10시간가량 강의하는 지금보다 오히려 그때가 늘 목이 쉬어 목캔디를 매일 달고 살았을 정도였다.

인터넷 강의와 유튜브로 언제 어디서든지 공부할 수 있는 지금의 학생들에게는 상상조차 할 수 없는 상황이겠지만, 오전 9시 수업을 듣기 위해서 새벽 5시부터 줄을 서야 했다. 제일 앞자리를 차지하기 위해서 말이다. 영하까지 내려가는 날씨였지만 추운 줄도 모르고 밖에서 떨면서 한 손에는 단어장을 쥐고 미친 듯이 단어를 공부했다. '영어 공부를 이렇게까지 고생스럽게 해야 하나?'라는 생각도 들었다. 만약 그때로 다시 돌아가서 또다시 할 수 있겠냐고 누가 묻는다면 절대로 못할 것 같다. 하지만 영어 하나에 미쳐서 정말 열심히 했던 나의 20대 모습은 지금도 자랑스럽다. 나는 그때 했던 노력 덕분으로 영어를 지금 업으로 삼고 있다.

K 선생님은 내 강사 생활에 가장 큰 영향을 준 분이다. 20대 때 그분에게 배웠던 영어가 지금 내가 학생들에게 영어를 가르칠 때 필요한 밑거름이 되었다. 선생님이 라틴어의 어원을 가르쳐준 덕분에 스페인어를 수월하게 공부할 수 있었으며, 영어와 한자를 접목시킨 수업으로 훗날 일본어 JLPT 2급을 남들보다 빨리 8개월 안에 취득할 수 있었다. 영어 공부를 하는 데 10년 걸렸다면, 제대로 된 공부 방법과 내 인생의 멘토인 스승님을 운명적으로 만난 후 다른 외국어를 공부할 때는 훨씬 더 짧은 시간이 걸렸다.

학문에 대한 끊임없는 연구와 학생들을 진심으로 생각하고 존중하는 태도를 보면서 앞으로 나도 선생님과 같은 사람이 되고 싶었다. 나의 멘토 K 선생님이 내 인생에 없었다면 지금의 토익 강사 라수진도 없을 것이다.

영어는 나의 운명!

지금 돌이켜보면, 내 인생은 영어 강사라는 천직으로 정해져 있었는지도 모르겠다. 어렸을 때부터 자연스러우면서도 즐겁게 접했던 영어와의 조우, 원하던 한의대를 포기하고 영어영문학을 선택한 것도, 나의 영어 지식을 집대성해주신 최고의 스승 K 선생님과의 운명적 만남도, 미국 유학까지 가서 꿈꾸던 호텔리어를 포기한 것도 말이다.

물론 쉽지 않았던 길이었다. 내가 오랫동안 원했던 꿈을 중간에 두 번이나 포기해야 했기 때문이다. 고민도 수없이 많았지만, 매 순간 미친 듯이 노력하고 열정을 쏟았다. 그것에 대한 보답처럼 무언가 모르는 자석에 이끌려 여기까지 왔다. 결국 운 좋게도 나는 내가 잘하고 좋아하는 영어를 가르치는 것을 업으로 삼게 되었다.

앞으로 어떤 것이 운명처럼 나를 끌어당길지 모르겠지만, 그게 뭐가 되었든 나는 또 미친 듯이 도전하고 있을 것이다.

2주 만에 토익 980점을 달성한 암 병동 간호사

절대 안일하게 수업할 수 없다

개강 첫날 강의는 매번 긴장되고 설레고, 이번에는 어떤 학생들이 들어와서 어떤 성과를 낼지 궁금하다. 나와 내 강의에 대한 학생들의 첫 인상도 중요하지만, 강사 경력이 15년 정도 되다 보니 이제는 학생들의 얼굴과 눈빛만 보더라도 한 달 후의 그들의 성적 결과를 대충 짐작할 수 있을 경지에까지 이르렀다.

다들 단기간 고득점이라는 한 가지 목표를 향해 한 배를 탄 이들이므로, 시간 낭비 없이 한 명의 낙오도 없이 고득점이라는 고지로 모두 안내하는 것이 나의 역할이므로 개강 첫날은 늘 비장할 수밖에 없다. 한 달의 노력으로 누군가는 인생이 역전되고 바뀔 수 있다는 생각을 하면 절대 안일하게 수업할 수 없다.

소라가 내 강의를 찾아온 것은 10월, 한창 가을 햇살과 바람이 좋을 때였다. 그날도 개강이라 강의실에서 이것저것 정신없이 자료를 챙기고 있었는데, 청바지에 티셔츠 차림의 한 여학생이 제일 처음 들어와 자리에 앉더니 창가를 바라보며 뭔가 근심어린 표정으로 깊은 생각에 잠겨 있었다. 보통 실전반 학생들과는 대조적인 모습이었다. 다들 1분 1초라도 아까워 강의 시작 전에 어휘를 암기한다든가, 책을 훑어보며 앞으로 어떻게 공부해야 할지를 계획하는 모습과는 달랐다.

첫날 간단하게 하는 설문조사에서 그녀는 이렇게 적었다.

이름: 이소라
직업: 간호사로 일하다 그만두고 이직 준비 중
토익 공부 목적 및 이유: 영어 향상
현 토익 점수: 800점 초반
목표 점수: 그냥 최대한 높은 점수 받으면 좋겠음

그녀가 쓴 설문조사에는 절실함이 없어 보였다. 나는 보통 영어 향상이라고 적거나 목표가 없는 학생들에게 늘 쓴소리를 많이 하는 편이다. 사실 그들이 준비가 되어 있는지를 확인하고 싶기도 한 것이다. 그래서 여느 때처럼 나는 이렇게 말했다.

"제 수업에서는 한 달에 5,000~8,000문제 정도 문제풀이를 합니다. 과제도 엄청 많아서 아마 새벽에 주무셔야 하는 경우도 있어요. 단순하게 영어 향상을 원하거나 목표가 없다면, 중도에 포기할 수 있어요. 할 수 있나요? 다들 토익 점수 급하신 것 맞죠? 여러분 인생에 딱 2주 혹은 한 달이에요. 그 시간만 죽었다 생각하고 시키는 대로 하면 좋은 성과 나옵니다. 내가 지금 할 수 있을까 주저하시는 분은 앞으로도 힘들 테니 다른 편한 반으로 가시든지, 아니면 목표 설정 다시 하고 다음에 준비해서 오세요."

인생의 터닝 포인트에 힘을 불어넣다

첫날 실력 테스트를 끝내고 나가는 그녀를 불렀다. 테스트 결과도 나쁘지 않아 조금만 절실하게 공부한다면 충분히 결과가 나올 것 같았다. 사실 수업 전 그녀의 모습에 신경이 쓰였기 때문이다.

"목표를 영어 향상이라고 적었는데, 오늘 테스트한 것을 보니까 이 정도 실력이면 목표를 좀 구체적으로 잡고 열심히 하면 점수 잘 나올 것 같은데요."

그러자 그녀는 이렇게 말했다.

"선생님, 사실 중학교 때부터 영문학과에 가고 싶을 정도로 영어를 좋아하고 관심 있던 학생인데요. 그러다가 고3 때 갑자기 간호사가 되고 싶어서 간호학과에 진학했어요. 졸업 후에는 대학병원에서 2년 동안 근무했어요. 자대 병원이라 어느 정도 일하고 나면 승진이 보장된 자리였는데, 아무리 일을 해도 행복해지지 않아서 올해 4월에 그만두고 뒤늦게 내가 뭘 하고 싶나 하는 근원적인 질문을 찾으며 일단 여기저기 원서를 썼습니다. 그때 토익 점수가 800점 초반이었는데, 제가 대학교 학점이 너무 안 좋고, 간호사라는 특정한 일을 하다 보니 업무가 제한된 탓인지 열 군데 넘게 냈는데 다 떨어졌어요. 그렇게 시간은 가고 벌어둔 돈도 점점 다 써가고 일단 유럽 여행이나 갔다 오자 싶어 비행기 티켓을 끊었습니다. 가기 전에 2주 만이라도 뭔가 영어 공부라도 해보자 싶어서 선생님 강의에 등록했어요. 그런데 오늘 선생님 강의를 듣고 나니 조금씩 욕심이 생겨서 짧은 2주지만 850점 이상을 목표로 정했습니다. 잘할 수 있겠죠?"

상담을 하면서 나는, 누군가 옆에서 방향만 잘 잡아준다면 소라는 그 이상을 해낼 것 같은 친구라는 것을 알게 되었다. 그녀가 분명 인생의 중요한 터닝 포인트에 와 있는데 어떻게 할지를 몰라 하는 것 같아 도움을 주고 싶었다. 그 시작이 토익이었으면 하는 작은 바람에서 앞으로 어떻게 공부해야 할지에 대해서 조언을 해줬다.

소라는 2주라는 짧은 시간 동안 정말 나를 믿고 잘 따라왔다.

어느 누구보다 일찍 와서 그 많은 어휘와 과제를 다 하면서, 제일 늦게 자습실에서 공부하다가 집에 갔다. 첫날에 사색을 즐기는 그녀는 온데간데없고, 여느 다른 친구들처럼 아주 학구적으로 하루하루를 보냈다. 그리고 한 달 후에 이메일이 하나 도착했다.

2주 만에 기적의 점수 980점 획득!

"선생님, 안녕하세요. 10월 27일 시험대비 2주 완성반을 수강했던 이소라라고 합니다. 진작 연락드리고 싶었는데, 제가 토익 시험을 치고 바로 유럽 여행 갔다가 며칠 전에 귀국해서 이제 연락을 드립니다. 일단 결론부터 말씀드리면 980점 맞았어요.

오랜만에 제가 좋아하는 공부를 하다 보니 정말 즐겁더라고요. 직업 특성상 앉아서 일하는 직업이 아니어서, 간호사 일을 시작한 후에는 앉아서 소설 책을 읽는 게 낯설 정도로 책상과 동떨어져 살았는데 강의를 들으면서 책상에 앉는 게 너무 즐거워서 숙제도 신나는 마음으로 했습니다.

시험을 치고 나서 850점만 넘었으면 좋겠다고 생각했는데, 유럽에서 980점 점수를 확인하고 정말 놀라서 기절할 뻔했습니다. 당장 연락드리고 싶었지만, 유럽에서는 인터넷이 너무 느리고 구경 다니느라 그럴 정신이 없었어요. 며칠 전에 귀국해서 짐 정리하고 쉬다가 이렇게 선생님께 꼭 연락드리고 싶어서 이메일을 보냅니다.

그냥 점수만 알려드리고 감사하다고 할 수도 있었는데, 굳이 제 얘기를 구구절절 다 쓰는 이유는 이번 강의로 토익 성적뿐만 아니라 자신감까지도 얻게 되어서 그래요. 취업 서류 전형에서 그렇게 많이 떨어지고 괜히 일을 그만뒀나, 다들 싫어도 그렇게 참고 직장을 다니는 거라는데…… 하는 생각이 들면서 불안하고 후회도 했는데, 토익 점수가 잘 나오니 제가 뭐라도 할 수 있겠다는 생각이 들더라고요. 이런 긍정적이고 미래지향적인 생각(?)을 정말 오랜만에 느낍니다.

암 병동에서 늘 환자들이 상태가 더 안 좋아지다가 사망하는 것만 보니 제 성격이 점점 비관적으로 변했는데, 오랜만에 뭐라도 할 수 있겠다는 생각이 들어서 좋았어요. 이번 토익 성적과 유럽에서 만난 큰 세계, 많은 사람들로부터 받은 용기로 삶이 달라짐을 느낍니다. 특히 선생님처럼 자신감 넘치고 당당하게 살고 싶다는 생각이 많이 들었습니다. 너무 감사합니다, 선생님!"

어떤 도전에 맞닥뜨려도 자신감 있게 헤쳐나가라

의기소침해서 자포자기 심정으로 있던 그녀가 고득점을 올릴 수 있었던 것은 나를 믿고 목표를 설정한 후로 그 목표를 달성하기 위해 열심히 토익 공부를 한 데다 무엇보다도 스스로 그 상황을 즐겼기 때문이다. 목표와 자기 자신에 대한 믿음이 생기면 그다음 행동으로 옮기게 되어 있다. 이때 '열정'이라는 양념만 넣어준다면 반드시 성공적인 결과가 나오기 마련이다.

내가 하는 일이 어쩌면 단순 토익 강의일지 모른다. 하지만 매번 취업과 이직의 관문에서 혹은 인생의 또 다른 터닝 포인트에서 갈팡질팡하고 있는 이들을 위해, 토익 공부라는 하나의 도전을 발판으로 그들에게 동기부여와 열정을 일으키는 것도 내가 해야 할 일인 것 같다.

소라가 토익을 공부하며 고득점을 성취하고, 그 성취감으로 자신감을 얻어 앞으로 뭐든 할 수 있다는 생각이 든 것처럼, 학생들에게 작은 성취감을 계속 얻게끔 해주고 싶다. 성취에 익숙해져서 앞으로 어떠한 도전을 맞닥뜨려도 자신감 있게 헤쳐나갈 수 있게 말이다.

한 달 만에 340점을 올린 체대생

같이 밥 먹고 싶은 사람이 되라

요즘 '혼밥'이 대세라지만 누군가가 당신에게 "언제 한번 식사 같이해요"라는 말을 한 적이 있는가? 빈말이나 인사치레로 하는 경우도 있겠지만, 같이 식사를 하자는 말에는 여러 가지 의미가 내포되어 있다. 그 사람과 더 친해지고 싶거나, 그 사람에게 배울 점이 있기 때문일 것이다. 소위 말해, 내가 뭔가 있을 것 같은 사람이기 때문이다. 그런 질문을 자주 받는다면 이미 나는 '어떤 분야에서 가치 있는 사람이다(즉, 어떤 분야에서 성공한 사람이다)'라는 뜻이기도 할 것이다.

나는 학생들뿐만 아니라 후배 강사들한테 "쌤, 시간 되면 저랑 같이 식사 한번 해주세요"라는 말을 많이 듣는다. 때론 SNS상에서 한 번도 본 적 없는 분들이 DM으로 연락하는 경우도 있다. 먼저 강사 생활을 한 내 경험을 듣고 싶어 하는 경우도 있고, 그냥 인간적으로 만나서 편하게 이야기를 나누고 싶어 하는 경우도 있다.

나도 사람에 대한 호기심이 많아서, 여러 분야에 있는 사람들에게 이야기를 듣는 것을 굉장히 좋아한다. 그래서 내가 먼저 식사를 제안하는 경우도 있다. 그 이후로 지금까지 좋은 관계를 유지하는 분들도 있다. 바쁜 스케줄 중에 누군가를 위해 자기 시간을 기꺼이 빼서 식사를 같이한다는 것은 굉장히 큰 의미가 있다.

이런 이야기를 하는 이유는, 내 수업을 들은 학생들 중 단기간에 토익 점수가 급상승해서 주위에서 갑자기 밥을 같이 먹자는 이야기를 들었다는 학생들이 많기 때문이다. 그중 한 명이 영훈이었다.

내가 영훈이를 만난 것은 무더운 7월의 여름, 정기 토익 시험 하루 전인 D-1 특강 때였다. 300명의 학생들로 가득 찬 강의실에서 가장 앞에 앉아 있던 영훈이의 눈을 나는 절대 잊지 못한다. 뭔가 해보겠다는 결연에 찬 두 눈과 약간 상기된 얼굴이 인상적이었다.

나중에 알게 되었지만, 영훈이는 정말 잘하고 싶은 의욕은 강했으나, 내가 했던 강의를 이해하지 못하고 있었다. 그런데 특강 동안에 다뤘던 문제들이 다음 날 시험에서 적중해 나오는 것을 보고 적잖은 충격을 받았고, 주저 없이 8월 강의에 등록했다고 했다.

영훈이가 수업을 이해하지 못했던 이유가 있었다. 그도 그럴 것이 영훈이는 체대생으로 제대로 영어 수업을 받아본 적이 없었던 것이다. 하지만 한 달 후 높은 점수를 받은 영훈이의 후기는 지금까지 내 수업을 듣는 친구들에게 널리 알려질 만큼 회자되고 있다. 다음은 영훈이가 쓴 후기다.

570점에서 한 달 만에 단숨에 910점으로!

"라쌤, 너무 감사드려요. 작년에 멋모르고 쳤다가 570점이라는 충격적인 점수를 받고 토익에서 손을 놓은 지 어언 1년이 되었어요. 충격을 받은 동시에 토익에 흥미를 잃어 토익 책은 쳐다보지도 않고 지내고 있었습니다. 하지만 졸업과 동시에 취업이 점점 가까워지고 더 이상 토익 책을 방 한구석에 치워두기에는 너무 다급한 상황이었습니다. 지난달 D-1 특강에 가서 쌤의 족집게 강의를 듣고 확신이 들어서 쌤 수업에 주저 없이 등록했습니다.

제 인생 최초의 토익 수업 수강이라 다소 긴장되기도 했습니다. 처음에는 상당히 힘들었습니다. 틀리는 문제가 많다 보니 오답노트 정리하는 데만 엄청난 시간이 걸리고 매일매일 평균 새벽 1시쯤에 자는 생활이 반복되다 보니 체력적으로도 힘들었습니다. 하지만 쌤이 제가 나태해질 때쯤 계속해서 동기부여도 해주시고 정말 배꼽 잡을 만큼 유머러스한 강의를 해주셔서 시간 가는 줄 몰랐습니다. LC와 RC를 별개의 과목이 아닌 융합적으로 같이 접목해서 가르쳐주는 방법이 특히 좋았고, 자칫 지루할 수 있는 문법과 어휘 수업도 너무 재미있어서 쌤이 가르쳐준 학습 비법을 따라가다 보니 점차 문장이 보이고 안 들리는 것도 들리기 시작해서 2주 차쯤에는 점점 눈에 띄게 실력이 느는 것을 느꼈습니다.

솔직히 말씀드리면 이 수업 듣기 전에는 분사가 무엇인지도 몰랐습니다. 첫 수업시간에 본 테스트에서 LC는 26개 틀리고 RC도 25개가 넘게 틀렸습니다. 하지만 최대한 쌤이 가르쳐주신 학습 비법을 문제 풀면서 적용하려고 노력했고 한 달 만에 믿기 힘들게도 910점을 받았습니다. 주변에서도 어떻게 네가 토익 900점을 넘느냐는 둥 부러움의 소리가 이어졌고, 그 이후에 주위의 친구들과 후배들이 저한테 많이 연락합니다. 같이 밥 먹자고요. 토익 점수가 낮을 때는 저를 무시하던 친구들인데요. 그래서 요즘은 제가 마치 성공한 사람처럼 느껴져요. 선생님 정말 감사합니다.”

500점의 공기와 900점의 공기는 달랐다

영훈이는 토익 910점을 받은 이후로, 단순하게 토익 점수를 올리는 것에 그치지 않고 국가에서 무료로 지원하는 영어 연수 프로그램이라는 좋은 기회를 놓치지 않고 지원했다. 그리고 얼마 후에 미국으로 출국했다. 영훈이는 남들이 해낼 수 없다고 생각했던 토익 고득점에 도전해서 좋은 성과를 올렸다. 또한 그것을 발판으로 자연스럽게 영어 연수라는 좋은 기회에 도전했다. 결국 영어의 영 자도 몰랐던 친구가 당당히 미국에서 공부하게 되었고, 그곳에서 더 넓고 새로운 세상을 만나며 또 다른 기회를 접하게 되었을 것이다.

누구나 한 번쯤은 이렇게 인생의 추진력을 받을 때가 있다. 단 전제 조건이 있다. 남들이 주저하고 잘 가지 않는 '도전의 길'을 선택해야 하는 것이다. 모든 힘든 과정을 다 끝낸 후 얻는 강한 추진력으로 자신감을 얻고, 그로 인해 다른 이들에게도 매력적으로 비치게 되어 결국 다른 사람이 자신에게 오도록 만드는 힘을 발휘하는 것이다. 내가 가진 무기와 능력이 나만의 가치를 만들어 사람들이 관심을 가지고 나에게 다가오는 것이다.

당신에게는 당신만의 어떤 매력이 있는가? 영훈이 친구들이 영훈이에게 같이 밥 먹자고 했던 것처럼, 주위 사람들의 마음을 끄는 매력이 있는가?

토익 고득점으로 로스쿨에 합격한 학생

본인에 대한 믿음이 없다면 시작하지 마라

얼마 전부터 고질병인 목 디스크가 심해져서 도수치료를 받기 위해 병원을 찾았다. 도수치료사는 이 정도 몸 상태라면 한 가지 일만 하는 장인의 몸이라고 말하면서 도대체 무슨 일을 하는지 물었다. 그도 그럴 것이 수년간 교재 작업과 오랫동안 서서 강의를 한 덕분에 내 몸 상태도 그 상황에 최적화가 된 것이다.

"선생님, 치료를 받으면 좋아질 수 있겠죠? 치료를 얼마나 받으면 좋아질까요?"

"꾸준히 치료를 잘 받으시는 것도 중요하지만, 평소에 늘 바른 자세를 하도록 본인이 노력해야 합니다."

'순간 당연한 이야기를 왜 물어봤을까?' 하는 생각이 들었다. 빨리 나아지고 싶은 조바심과 '내가 과연 할 수 있을까?'라는 나 자신에 대한 믿음의 부재 때문일까? 그런 의문이 들면서 문득 한 학생이 오버랩되었다.

"선생님, 이 수업이 800점 목표반인데 이 강의를 들으면 한 달 후 800점이나 그 이상으로 점수가 나올 수 있나요? 저도 그렇게 할 수 있겠죠?"

현우라는 한 학생이 첫 수업 후에 의심의 눈초리로 물었다.

"저와 본인에 대한 믿음이 없으면 이 수업을 듣지 않는 게 좋습니다. 하지만 일단 제 수업을 듣기로 결정했으면 제가 하라는 대로 열심히 하시면 반드시 고득점 나옵니다."

"아, 아닙니다. 선생님 믿고 열심히 하겠습니다."

내 수업을 수강하는 학생들의 거의 80퍼센트 이상은 지인 추천을 통해서 온다. 이미 나에 대한 검증이 끝난 상태에서 오지만 간혹 가다가 아무 정보 없이 등록한 학생들이 대개 이런 질문을 많이 한다. 그럴 때마다 나는 야속하다 싶을 정도로 거칠게 이야기하는 편이다. 서로간의 믿음이 없다면, 그 결과는 눈에 보듯 뻔하기 때문이다. 그래서 애초부터 서로의 시간 낭비 가능성을 줄이기 위해서 모질게 이야기를 한다.

나 자신을 믿기 시작하자 인생이 바뀌었다

고맙게도 현우는 그 이후 나를 믿고 시키는 대로 잘 따라와서 목표로 하는 830점을 받게 되었다. 그런데 그 다음 달에 수강 신청을 또 했다.

"현우야, 목표 점수 받았으면 이제 토익 졸업한 것 아니니?"

"쌤, 사실 맨 처음에는 800점만 넘으면 좋겠다고 생각했어요. 그런데 막상 830점이 나오고 보니 욕심이 생겨서 선생님을 믿고 계속하면 더 높은 점수를 얻을 수 있을 것 같아요."

그로부터 한 달 후 현우는 자기가 목표했던 그 이상의 점수 955점을 받았다. 얼마 후 로스쿨에 입학했다는 소식과 함께 나에게 감사의 표시로 식사를 대접하고 싶다고 연락이 왔다.

알고 보니, 그 친구는 서울대생이었다. 나는 수업을 듣는 학생들에게 학교를 묻지 않는다. 나에게 중요한 것은 그들이 어느 학교를 다니며 어느 학교를 졸업했느냐가 아니라, 한 달 후 그들의 성적이기 때문이다. 자칫 잘못하면 학교라는 잣대로 그들의 무한한 가능성을 놓친 채 선입견을 가지고 바라볼 수 있다. 내가 학생들에게 바라는 것은 어제보다 나은 오늘의 나이고, 오늘보다 나은 한 달 후의 나 자신이다.

수업을 하다 보면 외국 생활을 했거나 외국에서 학교를 졸업한 학생, 소위 SKY 대학에 다니는 친구들은 말을 하지 않아도

티가 난다. 충분히 자기 스스로 잘한다고 생각하기 때문에, 굳이 누군가의 충고를 잘 받아들이지 않는 경향이 강하다.

현우는 달랐다. 나중에 이야기를 들으니, 자신감이 많이 떨어진 상태에서 나를 찾아온 것이었다. 첫날 내게 질문을 한 것도 그런 이유에서라고 하면서, 나의 확신에 찬 대답에 오히려 더 믿음이 가서 그 이후로는 묵묵히 토익 공부에만 전념할 수 있었다고 한다.

현우는 서울대생이었지만 학점이 낮았고, 집안에 서울대 출신이 많은 데다 형은 잘나가는 국제변호사여서 늘 비교가 되었다고 한다. 로스쿨을 가고 싶지만, 평소 콤플렉스였던 영어가 발목을 잡은 상황이었다. 게다가 학점마저 낮아 과연 어디라도 갈 수 있을까를 고민하던 찰나에 내 수업을 듣게 되었다. 현우는 높은 토익 점수로 로스쿨 중에서 영어 비중을 많이 보는 외대 로스쿨에 입학할 수 있었다. 자기의 발목을 잡던 것이 오히려 그를 합격으로 이끌어준 셈이다.

결국 해답은 나를 믿어줄 용기다

우리는 우리에게 일어나는 모든 것에 대한 해답을 어쩌면 이미 알고 있는지도 모른다. 다만, 나 자신에 대한 믿음의 부재가 해답을 말하는 마음의 소리를 막은 채 누군가가 자신에게 명확한 해답을 해주기를 바라고 있을 뿐이다. 문제를 해결할 수 있는 열쇠는 나 자신이 갖고 있다. 어렸을 때는 부모님이 하라는 대로만 따르면 되었다. 하지만 성장할수록 스스로 해결해야 할 문제가 많아지면서, 나에게 믿음을 주는 것도 해결을 해야 하는 것도 나 자신이다. 불확실성의 시대를 살고 있는 우리에게 가장 필요한 것은 어쩌면 나 자신에 대한 믿음일지 모른다.

강력한 내 편이 있어야 한다. 나 스스로 나를 응원하고 스스로 믿음을 줘야 한다. 내가 내 편일 때, 비로소 우리는 무엇이든 도전할 수 있는 힘을 얻게 된다. 결국 우리에게 부족한 것은 나를 믿어줄 용기다.

내가 그것을 스스로 해결할 수 없을 때는 전문가를 찾아야 한다. 나에게 나 자신을 믿게 도와줄 수 있는 사람 그리고 '나는 뭐든지 할 수 있다'라는 나의 잠재력을 이끌어내서 스스로 해답을 찾아가게 해주는 사람 말이다. 일단 그런 사람을 찾았다면 믿고 따라가야 한다.

그런 면에서, 강사는 어쩌면 단순히 지식을 전달하는 역할도 하겠지만, 학생들 스스로 자기 자신을 믿고 스스로의 가능성을 열 수 있게 불을 지피는 불쏘시개 역할을 하는지도 모른다. 앞으로 닥칠 난관에 스스로를 믿고 뭐든지 할 수 있다는 자신감만 수업에서 배워가더라도 나는 학생들에게 내 본분을 다한 것이라고 생각한다.

누군가를 믿고 따라간다면 그 결론은 2가지 중 하나가 된다. 일생 최고의 좋은 인연을 만나거나, 일생 최대의 교훈을 얻는 것이다.

지금까지 그래왔던 것처럼 나는 학생들에게 토익 고득점이라는 최고의 인생 점수와 최고의 인연을 앞으로도 계속 주고 싶다.

약사의 두 번째 도전은 의학전문대학원생

도전에서 변명거리를 찾지 마라

영어 강사로 15년간 강의하면서 수만 명의 학생들이 내 수업을 거쳐갔다. 그중에서 나는 학생들의 무수한 도전과 성공, 실패를 목격했다. 첫날은 다들 비장한 각오로 지난달과는 혹은 어제와는 다른 나를 기대한다. 하지만 어떤 이들은 며칠 지나지도 않아 그 각별했던 각오는 온데간데없이 자기 타협과 변명거리만 늘어놓는다. '영어 공부를 하고 싶은데 시간이 없다', '회사 생활과 공부를 같이 병행하기 힘들다', '집이 너무 멀다' 등의 참으로 다양한 변명을 들었다. 심지어 아침형 인간이 아니라 오전 수업을 듣기 힘들다는 변명도 들은 적 있다.

우리는 새로운 무언가에 도전하기 전에 수백 개의 안 되는 이유부터 먼저 찾지는 않는지 생각해볼 필요가 있다. 스스로 한계를 정해놓고 거기에 맞춰 자신이 할 수 없다는 핑계만 대며 자기 합리화를 하는 것이다.

'내 상황은 이렇다. But(하지만) 이러이러해서 할 수 없어.'

사실 그럴듯한 변명 같지만 실제로는 무언가 비생산적이거나 중요하지 않은 일을 처리하느라 시간을 보내고 있지는 않은지, 아니면 그냥 단순하게 나태해서(게을러서) 지금의 상황에서 변화하고 싶지 않은지 심각하게 생각할 필요가 있다. 안타깝게도 이런 이들은 다른 일에도 변명거리를 달고 살아왔고, 앞으로도 그럴 가능성이 높다.

'그런데'가 아니라 '그럼에도 불구하고'

내 수업은 종강까지 출석률이 높은 편이다. 첫 시간에 절실함을 가지고 끝까지 갈 준비가 되지 않은 사람은 미리 다른 반으로 가라고 하는 이유도 있겠지만, 출석과 과제를 꾸준히 하다 보면 어느새 공부하는 자세가 자리 잡히기 때문이다. 또한 한 시간이라도 놓치게 되면 굉장히 손해임을 학생들 스스로 잘 알기 때문에 거의 수업에 빠지지 않는다. 심지어 명절이나 가족 해외여행을 앞두고 캐리어까지 들고 와서 내 수업을 듣고 가는 경우도 있었다. 하지만 가끔 과제를 안 해 오는 이들이 있어, 학생들에게 과제에 예외를 두겠다고 설명을 한다.

"이런 친구들은 과제를 안 해와도 그냥 봐드릴게요."

그러면 약간의 기대감과 함께 학생들은 귀를 쫑긋 세우고 듣는다.

"첫째, 나는 외국인이다. 그래서 선생님이 어떤 과제를 냈는지 무슨 말인지 몰라 못한다. 그럼 봐 드릴게요. 그런데 어쩌죠? 예전에 제 수업을 들은 한국어 전공하는 일본인 여학생이 있었는데, 제 수업 한 달 듣고 800점 후반이 나왔다고 일본에서 연락 왔어요.

둘째, 나이가 70세 이상 고령이어서 돋보기 없이는 글자도 잘 안 보이고, 듣기 시험도 잘 안 들려서 공부를 못하겠다. 예전에 제 수업을 들은 50세 후반의 퇴직자가 한 명 있었는데 여러분들과 같이 그룹 스터디도 같이하실 정도로 과제도 출석도 100퍼센트 잘 소화하셨답니다.

셋째, 자식이 셋 이상이어서 육아가 너무 힘들어 공부하기 힘들다. 그런데 최근에 쌍둥이를 출산해서 세 아이의 엄마가 된 한 학생은 주중에는 힘들지만 주말에만 공부해서 850점 나왔어요. 여러분들 다 홀몸이죠? 육아를 하거나 부양해야 할 가족이 있으신가요?

넷째, IT업계 이상으로 업무가 바쁜 직업 종사자여서, 매일 야근하느라 공부 시간이 없는 경우는 예외로 할게요. 하지만 몇 년 전에 길음동에 사는 한 직장인은 강남까지 지하철 타고 와서 시간을 쪼개서 공부하셨어요. 그분도 아침 7시에 시작하는 수업에 한 번도 결석 안 하더니 한 달 후 800점 나왔네요. 여러분들은 아직 바쁜 업무에 시달리는 직장인은 아니죠? 취업 준비 중이죠? 그럼 그분들보다 상대적으로 시간이 많겠네요.

다섯째, 통학 거리가 너무 멀어서 과제하기가 힘들다. 인천? 평택? 너무 가까워요. 예전에 천안에서 KTX 타고 주 3일반인 제 수업을 들으러 온 여학생이 있었는데 900점 맞고 졸업했어요."

이쯤 되면, 학생들은 '아, 그냥 숙제를 다 하라는 말이구나!' 하며 실망한 표정으로 단념한다. 다 듣고 보면, 앞에 열거한 사람들이 안 좋은 조건에도 불구하고 목표한 바를 이룬 것임을 깨닫게 되는 것이다. 자신은 충분히 좋은 조건에서 공부를 한다는 것을 알기 때문에 더 이상 핑계를 대지 않는다. 변명거리를 내세웠던 나의 안 좋은 습관을 한 번 정도 끊는 것이 굉장히 중요하다. 그런 결단 없이는 발전할 수 없다.

안정적인 약사를 버리고 의사에 도전하다

현경이는 내가 만났던 수많은 학생들 중 내가 오히려 동기부여를 받을 정도로 열심히 사는 몇 안 되는 학생 중의 하나다. 4년 전에 내 수업을 듣고, 점수의 유효기간이 만료되어 나를 다시 찾아왔다. 알고 보니 그때 받은 점수로 약대에 편입해서 어엿한 약사가 되어 있었다.

수업시간에 그냥 스쳐 지나가는 말로 내 건강 이야기를 꺼냈는데 흘려 듣지 않고 나를 위해 약까지 챙겨왔다.

“선생님, 이 약은 이런 증상이 있을 때 좋고요. 식전에 드시는 게 좋아요.”

그렇게 시작된 대화에서 그녀에 대해 많은 것을 알게 되었다.

”현경아, 이제 약사면 더 이상 토익 점수는 필요 없을 텐데 왜 토익을 듣는 거야?”

나는 그녀가 이미 안정적인 직업을 갖고 있는데 공부하는 게 이상한 것 같아서 물었다.

그러자 그녀는 이렇게 대답했다.

“사실 의사가 되고 싶어서 의학전문대학원 시험을 준비할 생각이에요. 지금 병원 약국에서 일하는데 교대근무 시간이 매번 바뀌어서 늦게 끝날 때가 많아요. 잠 잘 시간도 너무 부족하지만 예전에 쌤 수업 들었을 때 수업만 잘 따라가도 좋은 점수 나와서, 이번에도 수업만 열심히 쫓아가려고 왔어요."

남들이 안정적이라고 생각하는 직업에 안주하지 않고 도전하는 그녀의 모습도 놀라웠지만, 수면 시간도 부족하고 많은 유혹들이 있었을 텐데도 매번 출석해서 오히려 내가 고맙고 안쓰러울 정도였다.

현경이는 1년 전에 혼자 시험을 보고 830점을 받았는데, 한 달간 아주 열심히 내 수업을 듣고 970점을 받았다. 현경이는 남들보다 힘든 상황이면서 변명거리를 찾기보다는 주어진 환경에서 최선을 다해 노력해서 좋은 결과를 얻어낸 것이다.

매일 똑같은 일을 계속하면서 다른 결과를 기대하지 마라

갑자기 현경이를 보면서 표도르 도스토옙스키(Fyodor Dostoevsky)의 말이 떠올랐다.

"오늘 걷지 않으면 내일은 뛰어야 한다. 지금 잠을 자면 꿈을 꾸지만 잠을 자지 않으면 꿈을 이룬다."

우리는 늘 어제와 똑같은 일을 반복하면서 내일은 다르게 바뀌기를 바란다. 바꾸면 좋다는 것을 이미 알고 있지만, 익숙해진 것들과 결별할 용기가 차마 나지 않아 현재 상태를 유지하면서 여러 가지 변명으로 자신을 애써 위로한다.

내일의 다른 나는 어제와 오늘 변명을 대며 똑같이 계속했던 습관을 버리는 것으로부터 시작된다. 변명을 계속하면서 시도하고 실패를 반복하는 사이클에 자기 자신을 맡겨두지 말고, 지금이라도 그 악순환의 고리를 끊어야 한다.

배우에서 커뮤니케이션 강사로

강사는 멀리서 학생들의 꿈을 응원하는 사람이다!

수많은 직업 중에서 강사처럼 매달 새로운 사람들을 많이 만날 수 있는 직업도 없을 것이다. 대학생, 직장인, 취업 준비생 등 각자 자기만의 여러 가지 이유로 나를 찾아오지만, 오직 한 가지 공통된 목표 '토익 고득점'을 향해 노력한다. 시작은 다르나 끝은 결국 각자의 인생을 업그레이드하기 위한 것이다.

아쉬운 점이 있다면 짧으면 2주, 길게는 한 달 혹은 두 달, 정이 쌓일 만하면 이별을 해야 하는 것이다. 그래서 강사는 만남과 이별에 늘 익숙해져야 한다. 강사를 시작한 지 얼마 되지 않았을 때는 학생들에 대한 주체할 수 없는 열정과 정 때문에 학생들에게 감정이입을 너무 한 탓에 혼자서 상처받는 경우도 있었다. 오랫동안 강사 생활을 하고 있지만, 여전히 이 부분만은 적응이 안 된다.

강사란 그런 직업인 것 같다. 그들에게 토익이라는 하나의 수단을 통해 그들의 인생을 업그레이드시키는 조력자로, 부모님들처럼 그들이 잘되기만 멀리서 응원해주고 바라보는 사람 말이다.

하지만 내가 주는 사랑보다 그들이 주는 사랑이 더 컸기에 지금까지 계속 강사 생활을 하고 있는 게 아닐까? 정말 기초도 모르던 학생들이 영어를 재미있어하고, 인생에서 역대 최대의 고득점을 받고 좋은 곳에 취업해서 국제변호사, 은행원, 항공사 승무원, 국어 강사, 공무원, 세무사, 의사, 약사 등 각자가 원하는 분야에서 멋지게 활동하고 있는 모습을 볼 때면 나의 애정과 잔소리가 공허한 메아리는 아니라는 것을 알게 된다.

그 많은 학생들 중에는 강사와 학생으로 만났지만 아직까지도 소중한 인연을 계속 이어나가는 이들도 있다.

미래가 불안해서 막막했던 그녀,
2주 만에 650점에서 815점을 받다

나의 소중한 인연 중 한 친구가 슬기다. 작년 가을 그녀는 카카오톡으로 깜짝 놀랄 만한 좋은 소식을 전했다.

"선생님, 잘 계시죠? 선생님, 너무 자랑하고 싶은 게 있어요."

"슬기야, 잘 지냈니? 그래? 혹시 결혼하니?"

"아니요, 사실 쌤한테 저 칭찬받을 일 생겼어요!"

사진 하나가 첨부되어 왔다. 《오늘, 당신의 말은 다정한가요?》(바이북스, 2019)라는 책 표지에 예쁜 슬기의 사진이 나와 있었다. 슬기가 책을 출간한 것이다.

슬기를 처음 만난 때는 5년 전 6월 어느 여름이었다. 그 많은 학생 중에 뽀얀 피부와 초롱초롱한 눈망울, 늘 미소를 머금고 있는 한 여학생이 유독 눈에 들어왔다.

수업이 끝나자마자 내게 다가와 선생님 수업을 너무 듣고 싶어서 멀리 지방에서 왔다고 했다. 나도 서울이 고향이 아니어서 지방에서 온 친구들에게는 유독 더 마음이 간다. 나도 객지에서 공부하면서 고생을 해본 터라, 그들에게 어디서 지내는지, 밥은 잘 먹고 다니는지, 부모님 뵈러 고향에 자주 내려가는지 등등을 물어본다.

슬기는 말도 어찌나 또박또박 조곤조곤 예쁘게 잘하는지 나도 슬기를 보면 덩달아 기분이 좋아졌다. 사람을 참 기분 좋게 하는 친구였다. 나중에 안 사실이지만, 그 밝은 모습 뒤에 아픔과 역경이 있었는지는 상상조차 하지 못했다.

토익 공부를 하러 서울로 상경해 나를 만난 시기가 그녀 인생에서 가장 힘든 때였다. 언론정보학을 전공한 그녀는 리포터나 방송국 아나운서의 길을 밟는 또래 친구와는 달리, 어렸을 적부터 배우의 꿈을 꿨다. 스물세 살에 연기를 하려고 서울에서 1년 정도 머물며 연기를 배웠지만, 학교를 졸업하기 위해 다시 대구로 돌아가야 했던 슬기는 졸업 후에도 연기를 해야겠다는 마음이 들어 스물일곱이 되던 해에 다시 서울로 올라왔다고 했다. 그때 당시 그녀는 연기자의 꿈을 버릴 수 없었고, 더 늦기 전에 서울로 올라와 연기에 몰두해야겠다는 생각뿐이었다고 했다.

연기 공부를 하면서 한 걸음 더 꿈으로 다가가는 도중에 자반증이라는 생소한 질환에 걸려 그녀는 잠시 꿈을 미뤄야만 했다. 6개월 동안 하루 종일 집에서 식단 관리를 하며 치료에 집중하면서 한편으로는 배우를 할 수 없겠다는 막연한 두려움과 자신감 결여로 힘든 나날을 보내고 있었다. 인생의 최대 고비가 온 것이다.

배우를 고집하기에는 주어진 현실의 무게가 너무 커서 그녀는 꿈을 잠시 보류하고, 취업을 한 후에 차근차근 꿈을 이루기로 결정했다. 취업하기 위해서 토익 점수를 기본으로 갖춰야 했다.

유명한 토익 강사를 찾던 중 유튜브에서 나의 강의를 듣고 강한 에너지와 이끌림을 느껴서 서울행을 감행해 나를 찾아온 것이다. 첫 만남에서 슬기의 눈이 더욱 초롱초롱 빛나던 것도 이유가 있었던 것이다.

갑작스럽게 시작한 토익 공부에서 그녀는 어느 누구보다 수업을 즐기면서 잘 따라왔다. 사실 가르치다 보면, 절실한 마음과 힘든 역경을 겪은 친구들은 빠른 시간 안에 성과를 낸다. 슬기 또한 짧디짧은 2주라는 시간 동안 오직 토익에만 집중하면서 650점에서 815점으로 단기간에 고득점을 얻었다.

훗날 그녀는 이렇게 수줍게 고백했다.

"사실 선생님 만나기 전에는 꿈을 보류할 만큼 미래에 대한 불안감과 한 번도 겪어보지 못한 병 때문에 많이 우울하고 힘들었어요. 토익을 공부한다고 하더라도 제가 정말 잘할 수 있을지 미심쩍게 생각했어요. 그런데 바쁜 스케줄 속에 몇백 명이나 되는 학생들 앞에서 카리스마 있는 모습으로 흔들림 없이 열강하는 선생님을 보면서, 저도 선생님처럼 더 열심히 멋지게 살고 싶은 생각이 간절해졌어요. 학생들에게 때로는 꾸짖음으로 때로는 애정으로 대하는 모습을 보면서 저도 선생님처럼 선한 영향력을 전할 수 있는 강사가 되고 싶다고 생각했어요."

어려움 딛고 잘나가는 커뮤니케이션 강사가 되다

얼마 후에 그녀는 커뮤니케이션 강사가 되었다. 사람들 앞에 서는 걸 좋아하는 무대 체질인 데다 말하는 것을 좋아하고 말을 참 예쁘게 하는 자신의 재능을 살려, 문화센터 스피치 강사이자 대기업 사내 세일즈 강사를 거쳐 현재는 '연사람사이연구소'를 운영하며 커뮤니케이션 전문강사로 강의의 길을 넓혀가고 있다.

게다가 말과 대화에 대한 자신의 경험을 고스란히 녹인 책을 출간한 저자까지 되었다. 슬기는 자신의 책에서 지친 사람들에게 따뜻한 위로의 말을 전해주고 있다.

결국 그녀는 어렸을 적 꿈꿨던 배우 그 이상의 꿈을 실현한 셈이다. 비록 방송국 스튜디오는 아니지만, 강의실이라는 자신의 무대에서 멋진 배우로 살아가고 있다.

20대 후반에 수많은 고민과 아픔이 있었고, 배우가 되겠다고 괜한 꿈만 꾼 것은 아닌지 그때 시간 낭비를 했다고 말을 했지만, 그렇게 낭비라고 했던 시간이 지금의 강사 일을 하는 데 큰 밑거름이 되었으리라 믿어 의심치 않는다.

돌이켜보면 이 세상에는 쓸데없는 일이란 하나도 없다. 꿈을 향해 돌고 돌아왔던 길에서 마주친 수많은 사람들과 역경이 그녀의 강의에서 그녀만의 스토리와 무기로 차별화되어 사람들에게 감동으로 전달될 것이다.

꿈이 있다면, 슬기처럼 계속 밀고 나가라. 꿈을 잊지 말고 계속 도전하라. 때때로 힘든 고난이 오더라도 조금 돌아가면 된다. 그리고 그 과정에서 계속 수정하면 된다. 그럼 결국 다른 형태로 그 꿈은 이루어지게 되어 있다.

부록 1

영어 학습법_ 강남 1타 영어 강사는 어떻게 영어를 공부했는가?

나는 이렇게 영어 공부했다!

“어떻게 그렇게 영어를 잘하게 되었어요? 선생님은 어떻게 영어 공부를 하셨어요?”

가장 많이 받는 질문들 중 하나다. 이 질문은 마치 “어떻게 10킬로그램 감량에 성공하셨어요?”라는 질문과 비슷하다. 간헐적 단식, 저탄고지(낮은 탄수화물과 높은 지방) 식사, 덴마크 다이어트, 원푸드 다이어트, 황제 다이어트 등 여러 가지 각자의 방식으로 다이어트에 성공한 사람들이 많은 것처럼, 영어를 잘할 수 있는 방법도 여러 가지다.

그 방법론을 설명하기 위해 내가 배웠던 유명 영어 학자와 내가 존경하는 분들의 이론을 근거로 거창하게 이야기하고 싶지만 각설하고, 솔직담백하게 내가 했던 방식과 내가 생각하는 영어 공부 학습법에 대해서 이야기하려고 한다. 이 방법은 영어뿐만 아니라 일본어를 공부할 때도 도움이 되었던 ‘나만의 방식’이다.

언어 습득 과정에는 인풋(input)과 아웃풋(output)의 영역이 있다. 받아들이는 영역, 즉 듣기(Listening)와 읽기(Reading)가 인풋의 영역이고, 밖으로 구현하는 말하기(Speaking)와 쓰기(Writing)가 아웃풋의 영역이다. 양질의 인풋은 결국 유창한 구사력이라는 아웃풋으로 나오기 마련이다.

우리는 보통 이 4가지 영역을 따로 공부하는 경향이 있다. 혹은 인풋에만 치중한 나머지 아웃풋을 간과하는 경우가 있는데, 이 4가지 영역은 유기적으로 공부해야 한다. 그것도 오늘은 읽기, 내일은 듣기 이런 식이 아니라, 한꺼번에 읽기, 쓰기, 듣기, 말하기 4가지 영역을 공부하는 것이다.

읽기, 쓰기, 듣기, 말하기 4가지 영역을 한꺼번에 하라!

내가 대학교 다닐 때는 영어 공부 좀 한다는 사람들은 한창 〈타임스〉와 영자신문을 공부했다. 맨 처음에는 꽤 멋있어 보이는 〈타임스〉와 영자신문을 들고 다니면서 공부했지만, 솔직히 공부하는 양만 많을 뿐 질적인 면에서 영어 실력이 느는 것 같지 않았다. 그래서 하루에 영자신문에 나오는 신문 사설 하나만 내 것으로 소화하자라는 목표를 정했다. 공부하면서 이왕이면 4가지 영역을 최대한 활용했다.

첫째, 뉴스 앵커처럼 큰소리로 읽는다(Reading & Listening).

맨 처음에는 내가 뉴스 앵커나 리포터가 된 것처럼 발음도 의식하면서 큰 소리로 사설을 쭉 읽어 내려갔다. 되도록 정확한 발음으로 말하면서 내용도 의식하면서 읽었다. 모르는 단어는 사전을 바로 찾아보지 않고, 동그라미를 치면서 읽었다. 이렇게 함으로써 내가 읽고 내가 읽은 내용을 내가 듣게 되는 것이다. 꼭 누군가 말하는 것을 듣는 것만 듣기가 아니다. 내가 읽고 내가 듣는 것도 듣기인 것이다. 즉, 읽기와 듣기를 동시에 한 것이다.

둘째, 다시 읽으며 모르는 단어를 유추한다(Reading & Listening).

다시 한 번 더 큰소리로 읽어 내려갔다. 이렇게 두 번 읽으면 좋은 점이 있다. 맨 처음에 읽었을 때는 끊어 읽기가 되지 않은 채 읽는 경우가 종종 있다.

"아버지가방에 들어가신다"로 읽었다면, "아버지가 방에 들어가신다"로 읽게 되고, 맨 처음에 미처 이해하지 못했던 문장이나 몰랐던 단어가 두 번 읽게 되면 이해되는 경우도 있다. 영어를 잘하는 사람은 단어를 반복해서 쓰지 않기 때문이다. 예를 들어 restaurant(식당)이라는 단어가 있다고 치자. 글쓴이는 같은 단어를 반복하지 않기 위해서 그 다음에는 dining establishment 혹은 eatery라는 식으로 단어를 바꿔 쓴다. 따라서 굳이 사전을 찾지 않더라도 충분히 의미를 유추할 수 있다.

이 단계가 중요한 이유는 나중에 영어 원서를 읽을 때마다 사전을 찾아볼 수 없으므로 읽으면서 모르는 단어를 유추하는 능력을 길러야 하기 때문이다. 물론 절대로 유추할 수 없는 단어들도 있다. 그럴 때는 사전의 도움을 빌리자.

또 다른 좋은 방법으로 한국 신문을 먼저 읽는 방법이 있다. 한국 신문을 읽고 영자신문에서 영문 기사를 읽으면, 그 기사에 대한 배경 상식을 미리 아는 상태에서 읽게 되는 것이므로 설사 모르는 단어가 나오더라도 대강 어휘의 뜻을 짐작할 수 있다.

셋째, 다시 읽고 본격적인 해석과 문장 분석을 한다(Reading & Grammar).

이번에는 다시 한 번 읽되, 해석을 하면서 기사 문장을 꼼꼼하게 분석한다. 어떠한 문법과 어휘, 논리적인 구조로 되어 있는지 보는 것이다.

예를 들어 문법에서는 이 문장에서는 분사구문을 썼구나, 이 문장에서 '설문조사를 하다'라는 뜻으로 'conduct the survey'가 쓰였는데 '설문조사를 하다'라고 할 때는 do라는 동사를 쓰지 않고 conduct를 쓰는구나 하는 식으로 문법과 어휘의 어울림, 즉 연어(collocation) 공부를 하는 것이다.

이 단계에서 기사를 처음 읽으며 동그라미 쳤던 어휘를 사전에서 찾아본다. 내가 유추한 의미와 사전적 의미를 대조하면서 단어 정리를 한다. 나는 몰랐던 어휘나 중요한 어휘를 단어장에 적어서 테마별로 정리했다. 고난이도 어휘, 각 분야별(정치, 경제, 사건사고 등)로 공통적으로 잘 나오는 어휘 등을 말이다.

사실 영자신문을 한 3개월 정도 공부하다 보면 웬만한 영역인 정치, 사회, 경제에 대한 어휘는 다 마스터할 수 있다. 영자신문을 공부하면 좋은 이유가 또 있다. 현재 일어나고 있는 따끈따끈한 사회적 이슈에 대해 알 수 있게 되고, 후에 영어 면접에 굉장한 도움을 받을 수 있다. 예전에 맥도날드 한국 지사에 면접을 보러 간 적이 있다. 면접 중 하나가 '우리 맥도날드는 조류독감으로부터 안전하다'라는 취지의 글을 영어로 쓰는 것이었다. 영어를 꽤 공부한 사람들조차 면접에서 갑자기 조류독감(Bird flu/Avian Influenza)이 나오면 '영어로 뭐지?'라며 당황한다. 하지만 나는 평소에 영자신문으로 공부를 해온 터라 회사에서 요구하는 주제에 대해 거침없이 쓸 수 있었다.

넷째, 내가 직접 신문 사설을 써본다(Writing).

이렇게 몇 번 읽게 되면, 내용도 쏙쏙 들어오게 되고 제법 여러 번 반복을 통해 문장이 입에 착착 감기게 되어 거의 문장을 외우다시피 하는 경지에 오르게 된다. 그러고 나면 한국 신문에서 내가 오늘 읽었던 부분에 해당하는 글을 찾아, 마치 내가 영자신문 기자가 된 것마냥 한국어로 된 기사를 직접 영어로 옮겨 적어본다.

희한하게도 그냥 쓰라면 못 쓰겠지만, 이미 영자신문을 읽어서 그 해당 분야의 어휘를 알고 있으므로, 그것을 바탕으로 어렵지 않게 쓸 수 있게 된다. 즉 이 단계에서 읽기를 통한 인풋이 아웃풋으로 바로 이어진다. 우리가 말하기와 쓰기를 잘 못하는 이유는 그 주제에 대해 어휘나 문법의 한계를 느끼기 때문이다. 그 주제에 대해 말할 재료가 없는 것이다.

영어회화 시간을 한번 떠올려보자. 첫날에는 늘 자신감 있게 이야기할 수 있다. 첫 시간에 보통 나누는 대화가 자기소개 및 나에 관련된 이야기이므로 그 정도는 이미 우리 뇌에서 습관적으로 튀어나올 만큼 수도 없는 반복을 통해서 몇 문장이 암기되어 있다. 하지만 그다음 시간부터 문제가 생긴다. 어떤 주제가 나올지 그 주제에 대해서 아는 어휘도 없고 이야기할 재료가 없기 때문에, 우리는 회화 시간이 부담스럽게 느껴지고 중도에 포기하게 된다. 따라서 아웃풋(말하기/쓰기)은 내가 읽은 것을 바탕으로 말하고 쓸 재료가 있을 때 그것을 토대로 연습하는 것이 좋다.

다섯째, 내가 쓴 글을 외국인 교수님에게 첨삭받는다(Speaking & Writing).

그다음 단계로, 나는 위에서 영어로 쓴 글을 가지고, 미리 외국인 교수님과 시간을 약속하고 찾아갔다. 그러고는 외국인 교수님에게 내가 쓴 글에 대한 피드백을 받았다. 일종의 첨삭인 것이다. 첨삭만 하는 것이 아니라, 내가 읽은 것을 바탕으로 외국인 교수님에게 직접 말을 하는 것이다.

"교수님, 제가 쓴 기사는 말이죠. ○○에 관한 것입니다. 요즘에 많이 이슈가 되는 사안으로서 ……."

그냥 막연하게 말한다면 할 말이 없겠지만, 내가 읽었던 것을 바탕으로 이야기를 하기 때문에 자연스럽게 대화가 이어질 수 있다. 또한 교수님에게 가기 전에 이런 말을 나눠봐야지 하고 머릿속에 그려서 가기 때문에 조금 더 편한 상태에서 대화가 이뤄질 수 있다. 주위에 외국인 교수님이 없다면, 원어민이나 전문가의 도움을 구하면 된다.

여섯째, 내 목소리를 직접 녹음해서 듣고 다닌다(Listening & Speaking).

마지막 단계는 굉장히 귀찮을 수 있는 단계지만, 나의 경우는 내가 읽었던 영자신문 사설을 녹음해서 듣고 다녔다. 그렇게 듣다 보면 나의 발음과 끊어 읽기를 객관적으로 파악할 수 있었다. 그리고 들으면서 흔히 말하는 그림자처럼 따라 읽는 일명 '셰도잉(shadowing)' 방법을 썼다. 이 녹음 자료들이 모이면 나만의 테마별 듣기 파일이 되는 것이다. 요즘에는 이렇게 녹음할 필요 없이 음성파일이 제공되는 경우가 있으므로 그것을 최대한 활용하는 것도 좋다.

시사 상식뿐만 아니라 4가지 영역에 자신감이 생기다

영자신문으로 몇 개월 공부하다 보니 단기간에 시사 상식뿐만 아니라 아웃풋, 즉 말하기와 쓰기에 대한 자신감이 생겼다. 시간 대비 굉장히 효율적인 방법이었다. 외국인 교수님을 찾아가지 못할 때는 혼자서 옆에 누군가에게 설명하듯이 이야기를 했다.

요즘에는 마음만 먹으면 주변의 외국인 친구들과도 충분히 친하게 지낼 수 있고, 내가 공부했을 때보다는 영어를 하기에 굉장히 풍족한 환경이므로 하루에 많이도 말고 딱 한 기사만 섭렵하자는 마음으로 하면 좋다. 물론 누군가는 신문 사설이 너무 어렵지 않느냐고 반문하는 경우도 있다. 콘텐츠는 각자의 수준에 맞게 하는 것이 좋다.

나는 종종 목표한 토익 성적이 나오더라도 그 점수에서 그만두지 말고 토익을 계속 공부하라고 한다. 토익에 나오는 어휘, 문법, 듣기 음원만 잘 활용하더라도 어딜 가든 기본적으로 영어를 구사하는 데 큰 문제가 없기 때문이다. 토익에 나와 있는 어휘나 문법 수준이면 우리가 일상생활 영어를 하는 데 충분하다.

토익 듣기 PART 1의 시험 유형은 사진 묘사 문장을 듣는 것인데, 이 문장들을 말로 하면 토익 스피킹 시험이 된다. 토익 PART 7 독해에는 이메일이 출제되는데, 내가 직접 이메일을 쓰면 토익 라이팅 시험이 되는 것이다. 토익만큼 인풋과 아웃풋을 유기적으로 공부할 수 있는 콘텐츠도 없다.

그런 점에서 나는 수업시간에 LC시간인데도 RC와 접목시켜서 가르친다. 그리고 당장 내일모레 미국 출장을 가거나 유학을 간다는 마음으로 자신이 보는 문장을 소중히 대하라고 한다. 자신이 직접 가서 말하고 쓴다고 가정하면 영어 문장이 예사롭지 않게 보이기 때문이다. 물론 시험을 잘 받기 위해 스킬이 필요하기도 하지만 내가 가르치고 있는 고득점의 학생들은 스킬만으로 고득점을 받을 수 없다는 것을 잘 알고 있다.

부록 2

영어 학습법_ 강남 1타 영어 강사가 말하는 각 파트별 영어 공부 방법

어휘(Vocabulary) — 어원으로 공부하고 오감을 동원하라!

사실 누군가 나에게 'withdraw'가 뭐냐고 묻는다면, 나는 그냥 손을 뒤로 당기는 제스처를 취할 것이다. 나는 withdraw라는 단어를 사전 식으로 암기하지 않았다.

withdraw의 어원은 'with(against)+draw(끌다)=뒤로 끌다'다. 문맥에 따라, 군대가 주둔했는데 뒤로 끌어당기면 '철수하다'이고, 돈을 은행에서 뒤로 끌어당기면 '인출하다', 무언가를 제공하려다가 뒤로 끌어당기면 '중단하다, 철회하다'가 되는 것이다. 만약 내가 '인출하다'라는 뜻만 알았다면 군대를 '인출하다?'라고 생각해서 이상하게 해석할 수 있다. 하지만 어원으로 공부하면 어떠한 문맥이 오더라도 거기에 맞춰서 뜻을 이해할 수 있다.

단어 암기가 어렵다면 오감을 동원해서 암기를 하는 방법도 있다. 예를 들어 'timid'라는 단어는 사람의 성향을 나타내는 단어로, '소심한, 용기가 없는'이란 뜻이다. 단어를 암기할 때도 소심한 동작을 취하며 암기를 하면 막상 뇌에서 '소심한'이 영어로 뭐지 하는 사이에 동작을 익혀서, 즉 몸이 먼저 반응하여 단어를 기억할 때가 종종 있다. 무작정 연습장에 써서 외우는 게 능사가 아니라 오감을 이용해서 암기하면 재미있게 할 수 있다.

문법(Grammar) ― 영어에서 기본적으로 쓰이는 문법 50가지만 알면 된다!

영어에서 쓰는 문법은 어느 정도만 알면 될까? 편입 시험이나 공무원 시험 등에서는 들어보지도, 잘 쓰이지도 않는 문법이나 어휘가 나와서 공부할 때 어려운 점이 많다. 하지만 나는 지금 내가 토익 강의에서 가르치고 있는 딱 50개 문법만 알면 충분하다고 생각한다. 일명 '라쌤 KEY POINT 50'이라고 해서 실생활 영어든 시험 영어든 영어를 사용할 때 가장 많이 쓰는 품사인 명사, 동사, 형용사, 부사, 전치사, 접속사 관련 문법을 포함하여 반드시 알아야 할 기본적인 필수 문법을 정리해서 가르친다.

한국어도 그렇듯이, 영어에서도 의사를 전달할 때 복잡한 문법이 많이 필요하지 않다. 영어는 암기할 것이 많다고 생각하기 때문에 어렵게 느껴지고 흥미가 생기지 않는 것이다. 실생활 영어뿐만 아니라 시험 영어를 준비하는 사람이라면 반드시 알아야 할 기본적인 필수 문법을 총 50가지로 정리했다. 토익을 공부하는 사람이라면 딱 50가지만 기억하면 된다. 예를 들어 '토익이 사랑하는 동사', '동사 어휘 문제라면 이것만 찍자!', '부사 문제

딱 2가지만 알면 끝!' 등이 있다.

이 50가지만 알면 어떠한 영어를 하더라도 충분히 잘할 수 있다고 학생들에게 늘 강조한다. 영어가 어렵게 생각되는 이유는 해야 할 것이 많고, 어느 정도 알아야 영어 공부가 끝이 날지 모르기 때문이다. 하지만 꼭 알아야 할 필수 문법만 재미있는 어록을 정리해서 암기하면 충분히 재미있게 공부할 수 있다.

예를 들어 make라는 동사를 보자. 여러 형식으로 쓰이지만 종종 시험이나 일상에서 목적격 보어로 형용사를 취하는 5형식으로 잘 쓰이는데 학생들은 암기하기 힘들어할 때가 있다. 이럴 경우, '너 나 화나게 만든다'만 기억하라고 한다.

"너 나 화나게 만든다를 영어로 하면 'You make me angry' 인가요? 아니면 'angrily'인가요? '화나게'라고 부사로 해석되지만 쓸 때는 'angry'를 사용합니다. 그래서 앞으로 토익에서 가장 많이 나오는 대표적인 5형식 동사는 뭐? '너 나 화나게 만든다'를 명심하세요"라고 하면 모두 잘 기억한다. 그리고 그런 동사로는 make 이외에도 find, leave, consider, keep, deem이란 동사가 있다고 추가적으로 설명한다.

라쌤 KEY POINT 4
너 나 화나게 만든다(You make me angry)

5형식 동사(S+V+O+형용사)
make, find, leave, consider, keep, deem +목적어 +형용사

듣기와 말하기(Listening & Speaking)
—TED와 미드, 영화, 영어 라디오 방송을 최대한 활용한다

"영어 강사니까 영어를 다 아셔서 공부 안 하셔도 되겠어요?" 누군가 내게 이렇게 말하지만 사실 그렇지 않다. 영어 강사니까 더욱 공부를 해야 한다. 시험과목을 가르치기 때문에 더더욱 공부해야 한다. 내가 가르치는 범위 내에서 지내다 보면 자칫 내가 아는 영어면 충분하다는 생각에 매너리즘에 빠질 수도 있다.

실제로 나조차도 아웃풋의 기회가 거의 없다. 외국인 친구들이 주위에 있지만, 일상 대화하는 정도의 수준이지 그 이상을 뛰어넘는 대화를 할 기회는 드물다. 그래서 나는 아침에 출근 전 집에서 오전 운동으로 실내자전거를 30분 정도 타면서 TED를 본다. 요즘은 앱이 잘되어 있어서 TED 사이트에 들어가서 내가 듣고 싶은 강연 영상을 틀어놓고 듣기와 말하기를 동시에 연습한다. 러닝타임도 길지 않아서 충분히 30분 동안 여러 번 반복해서 들으면서 공부할 수 있다.

스크립트(Interactive Transcript)가 제공되므로 혹시 간혹 잘못 알아듣는 경우에는 스크립트를 보면 된다. 스크립트를 보면서 연설자와 동시에 그 속도에 맞춰서 말하는 연습을 한다. 처음에는 스크립트를 보고 하는데도 발화자의 속도에 맞춰서 읽기 힘들지만, 어느 정도 반복하다 보면 어느새 속도를 맞출 수 있게 된다.

더 나아가서 내가 연설자인 양 직접 말하는 흉내까지 내본다.

이렇게 반복하다 보면 사실 문장이 암기되어서 내가 말하는 효과까지 얻을 수 있다. 기회가 된다면, 다른 이들에게 이 문장을 재연해보거나 거기에 살을 덧붙여서 말하는 연습을 하는 것도 좋다. 즉 그림자처럼 따라 읽은 '셰도잉' 연습을 하면서 듣기와 말하기를 동시에 해보자. 말하기라고 해서 내가 문장을 만들어서 하는 말하기도 있지만, 나는 남의 말을 따라서 모방하는 말하기도 중요하다고 생각한다.

혹은 차로 이동 중에는 102.7Mhz의 AFKN 라디오 방송을 틀고 출근하면, 왠지 미국 유학 시절도 생각이 나고 마치 여기가 미국인 것 같은 느낌이 들 때도 있다. 대한민국 최초의 영어 라디오 방송국 아리랑 라디오(www.arirang.com)는 특히 우리나라에서 일어나고 있는 뉴스나 생활 정보, 문화 등을 영어로 설명하기 때문에 이해하기 쉬워서 접근 자체가 용이하다. CNN 같은 어려운 매체를 통해 공부하는 것도 좋지만, 집에 있을 때는 하루 종일 알아듣든 알아듣지 못하든 영어 라디오 방송을 틀어놓고 자연스럽게 영어 노출 환경을 만드는 것도 좋다.

쓰기(Writing) — 필사를 해보자

사실 아웃풋 중에서 가장 잘 안 되는 부분이다. 말하기도 힘들지만 영어로 글을 논리적으로 쓰는 것은 정말 최고의 지적 활동이 아닐까 싶다. 한국어로 책을 쓰는 것도 힘든데 영어로 쓴다는 것은 더 힘들다. 내가 가르치는 토익 시험 문제 유형 중 하나가 '문장 삽입'이라고 해서 빈칸에 앞 문장과 뒷 문장 혹은 전체적인 글의 흐름을 보고 들어갈 알맞은 문장 찾기 문제가 있다. 학생들이 가장 어려워하는 문제 중 하나다. 그 유형의 문제를 어려워하는 학생들의 특징은 글의 논리가 머릿속에 잘 그려지지 않는다는 것이다. 즉 논리적으로 파악하는 것이 아니라 의식의 흐름대로 생각해서 그럴듯한 답을 찾는다.

보통 수업시간에 문장 삽입 유형의 문제에 대해서는 글의 논리 전개를 강조해서 설명한다. 잘 안 될 경우에는 '필사', 즉 옮겨 적어보라고 권한다. 언어에서 가장 빨리 느는 방법 중 하나는 모방이기 때문이다. 물론 시간이 굉장히 오래 걸리는 방법 중 하나지만, 글의 의미를 되새기면서 쓰다 보면 전체 글의 논리가 보이게 된다.

만약 자기 스스로 문장을 써 내려가기 힘든 사람이라면, 좋은 글을 하루씩 정해서 따라서 필사하는 것도 하나의 좋은 방법이라고 생각한다. 오늘 배운 어휘를 토대로 짧게 한 문장씩 영작을 하는 것도 좋다. 그리고 점차 한 문장에서 한 지문 이렇게 늘려가는 것도 좋다.

독해(Reading) — 하루에 한 페이지만 공부하자

앞서 내가 공부한 영어 학습 방법에 나온, 영자신문에 나오는 신문 사설도 좋지만, 서점의 원서 코너에 가면 영어 책들이 많이 있다. 어린아이들이나 청소년용의 쉬운 책 등이 있으므로 그런 책을 읽어도 되고, 한국 출판사에서 나온 초등학교, 중학교 학생들을 위한 독해집도 좋다. 세계사나 시사 상식을 영어로 쉽게 풀어쓴 글 말이다. 하루에 하나씩 분량을 정해서 부담 없이 읽어보는 것도 좋다.

예전에 특목고 학생들을 가르칠 때 '행복호르몬 세로토닌과 엔도르핀'에 관련된 독해를 한 적이 있다. 영어뿐만 아니라 호르몬에 관련된 지식도 쌓을 수 있어 읽는 학생뿐만 아니라 가르치는 내 입장에서도 굉장히 좋은 기회였다. 학생들에게 설명해야 하기 때문에 미리 호르몬에 관련된 글을 찾게 되어 공부가 많이 되었다.

영어 원서를 읽는다고 해서 반드시 소설을 읽을 필요는 없다. 등장인물이 많이 나오는 소설보다는 처음 시작 단계에서는 영어로 된 자기계발서를 읽는 것도 좋은 방법이다. 단문 형태가 많고, 짧은 문장으로 간결하게 의미를 전달하는 문장들이 많아서 이해하는 데 어렵지 않다. 그리고 대체로 쉬운 단어로 쓰여진 경우가 대부분이다. 짧게 쓰인 문장을 종종 암기해서 내 인생의 목표로 삼거나 나중에 글을 쓰거나 말을 할 때 인용하면 좋다.

에필로그

변화의 갈림길에서 더 이상 머뭇거리지 마라!

"Life isn't about finding yourself. Life is about creating yourself(인생은 나를 찾는 것이 아니다. 인생은 나를 창조하는 것이다)."

극작가이자 소설가 겸 비평가 조지 버나드 쇼(George Bernard Shaw)가 한 말이다. 하지만 나는 이렇게 바꿔서 이야기하고 싶다.

"Life is not only about finding yourself but also about creating yourself(인생은 나를 찾는 것뿐만 아니라 나를 창조하는 것이다)"라고 말이다.

이 책을 집필하면서 그 어느 때보다 나에 대한 깊은 성찰과 고민을 많이 했다. 책을 다 쓴 지금, 이 책의 가장 큰 수혜자는 오히려 나라고 할 만큼 많이 배우고 깨달았다. 이 책은 나 자신을 찾아가는 과정인 동시에 또 다른 나를 창조하는 여정이었다.

번아웃으로 내 인생에서 가장 힘든 시간을 보내고 있을 때, 그 어느 때보다 도전이 가장 필요한 시기에, 도전에 관한 책을 쓰는 아이러니한 상황이 솔직히 쉽지 않았다. 살인적인 강의 스케줄에도 불구하고 영어 책을 여러 권 집필했던 만큼 이번 책도 잘 쓸 수 있을 거라고 안일하게 생각했다. 하지만 내 이야기를 담담하게 써 내려가는 동안 하루하루가 나 자신과의 싸움이었다. 강의로 바쁜 주중에는 관련된 책을 읽으며 내 생각을 정리하느라 새벽 1~2시에 자는 일이 허다했다. 여태까지 일찍 자고 일찍 일어났던 나의 삶의 패턴을 집필 기간 동안 바꾸느라 힘들었다. 또한 주말에는 새벽 남산 운동을 하며 주중에 생각했던 주제들을 정리하면서 집과 카페에서 외부 일정을 다 차단하고 나 자신을 고립시킨 채 일주일에 두세 꼭지를 쓰는 데 전념했다.

어떤 날은 글이 잘 써졌지만, 어떤 날은 단 한 줄도 쓰지 못한 채 컴퓨터 화면만 우두커니 바라보기도 했다. 내가 뭐 대단한 사람이라고 이런 글을 쓰고 있을까 하는 생각부터 이 부족한 글을 도대체 누가 읽을까라는 생각에 부끄럽기도 하고 불안과 두려움이 앞섰다. 정말 낯설고 외롭고 힘든 도전이었다. 그럴 때마다 다른 이들의 책을 읽고 위안을 삼으며 나만의 페이스를 유지하기 위해 나 스스로를 다독였다.

중간중간 개인적인 일과 바쁜 학원 일들로 인해 포기하고 싶은 생각이 여러 번 들었지만, 내가 누군가의 책으로부터 위안을 받았듯이, 누군가에게도 나의 책이 위안이 되었으면 하는 소박한 바람으로 이 글을 썼다. 이렇게 책을 완성할 수 있었던 것은 나와의 도전에서 승리하고 싶은 내 개인적인 욕심도 있었지만 취업, 이직 혹은 제2의 인생의 도약점에서 열심히 공부하는 우리 학생들에게 적어도 부끄러운 강사가 되고 싶지 않았던 마음이 더 컸다.

요즘 코로나로 인해 나를 포함하여 거의 모든 사람이 우울, 절망, 불안, 무기력에 휩싸여 있다. 이 책이 불안함과 두려움 속에 살아가는 사람들에게 새롭게 도전할 수 있는 용기와 힘을 주었으면 좋겠다.

오프라 윈프리는 이런 말을 했다.

"I believe that one of life's greatest risk is never daring to risk(인생의 가장 큰 위험 중 하나는 절대 위험을 감수하려고 하지 않는 것이다)."

우리는 자신만의 안전지대(Safety Zone)를 벗어나 위험을 감수하고 도전해야 한다. 미래를 위한 도전과 준비를 제대로 하지 않으면 훗날 반드시 더 큰 위기가 닥치는 대가를 치르게 될 것이기 때문이다.

이 책을 쓰면서 새삼 깨달은 것이 있다. 내가 가장 행복하고 만족스러웠던 날은, 아무것도 하지 않고 그냥 편히 쉬었던 때가 아니라 정말 바쁜 와중에도 새로운 것을 시도해보고 도전해본 날이었다는 것이다. 책 한 권을 어떻게 완성할지 정말 앞이 캄캄했지만, 한 꼭지가 어느덧 책 한 권이 되었다.

앞으로 이 책이 내 인생에 어떤 영향을 미칠지는 모르겠다. 여러 가지 어려움과 우여곡절이 있었지만, 적어도 나는 책 쓰기 도전이라는 과정에서 행복했다. 앞으로 크든 작든 나의 도전은 계속될 것이다. 지금처럼 강의실이라는 나만의 무대에서뿐만 아니라 강의실 밖에서도 다른 이들의 도전에 도움을 줄 수 있는 사람으로 살고 싶다.

다시 한 번, 이 책이 나오기까지 크고 작게 도움을 준 분들에게 정말 감사드린다.

마지막으로, 무엇보다 나와의 싸움에서 도망치지 않고 잘 견디고, 책 쓰기 도전이라는 쉽지 않은 여정을 잘 끝낸 나 자신에게 "라수진, 정말 수고 많았어. 감사해. 그리고 사랑해!"라고 말해주고 싶다.